Breviário de Formação

Coleção Debates
Dirigida por J. Guinsburg
(*in memoriam*)

Equipe de Realização – Coordenação textual: Luiz Henrique
Soares e Elen Durando; Edição de texto: Claudia Cantarin;
Revisão: Juliana Sergio; Produção: Ricardo W. Neves e Sergio Kon.

giovanni cutolo
BREVIÁRIO DE FORMAÇÃO

Tradução
ALMIR RIBEIRO

Ilustrações
FRANCESCO MAINARDI

CIP-Brasil. Catalogação na Publicação
Sindicato Nacional dos Editores de Livros, RJ

C993b
    Cutolo, Giovanni, 1939-
      Breviário de formação / Giovanni Cutolo ; tradução Almir
Ribeiro ; ilustração Francesco Mainardi. - 1. ed. - São Paulo :
Perspectiva, 2022.
      160 p. : il. ; 21 cm. (Debates ; 347)

      Tradução de: Breviario di formazione
      Inclui bibliografia
      ISBN 978-65-5505-094-3

      1. Estética - Mercado. 2. Decoração e ornamento. I. Ribeiro,
Almir. II. Título. III. Série.

22-75930   CDD: 745
                               CDU: 745

Meri Gleice Rodrigues de Souza - Bibliotecária - CRB-7/6439
08/02/2022 10/02/2022

1ª edição

Direitos reservados à

EDITORA PERSPECTIVA LTDA.

R. Augusta, 2445, CJ. 1
01413-100 São Paulo SP Brasil
Tel.: (11) 3885-8388
www.editoraperspectiva.com.br

2022

*Certamente a escrita é um instrumento
descabido, com suas aparências absolutas
e mínimas, com o qual o homem confinou
o homem em seu fluxo sem finalidade,
Olhando fixo, em vez de semáforos,
para indicações, perspectivas, parâmetros,
E prendendo a memória em um eixo
de rotação perpétua,
Sem mais implementações,
sem trajetória e sem fuga.*

EMILIO VILLA

SUMÁRIO

Autoflagelação 11

Introdução 13

1. Um Desenvolvimento Desarmônico 19

2. O Animal Projetante 31

3. O Mercado Industrial 37

4. Artesanato e Indústria 43

5. A Revolução dos Consumos 51

6. As Metamorfoses do Mercado 61

7. O Fascínio Discreto do Design 71

8. O Grande Rio do Design 77

9. Design *Versus* Marketing 89

10. Das Necessidades aos Desejos 101

11. A Parábola do Café 109

12. O Design do Luxo/O Luxo do Design 123

13. O Trabalho, a Terra e o Dinheiro 133

Conclusão 145

Posfácio – *Carlo Forcolini* 151

Bibliografia 155

Sobre o Autor 157

AUTOFLAGELAÇÃO

Em fevereiro passado, fui me encontrar com Umberto Eco para lhe pedir que escrevesse o prefácio para este livro. Alguns meses depois, ou, para ser preciso, em um sábado, dia 3 de maio de 2014, recebi um *e-mail* no qual Eco relatava como se sentia cansado dos constantes pedidos de prefácio e, consequentemente, sobre sua firme defesa contra o que definiu como "a lepra dos prefácios".

Ao mesmo tempo ele me elogiava, além da medida, escrevendo: "Gostei do livro e é de tão boa leitura que me pergunto por que ser assim tão autoflagelador pensando que possa não funcionar sem o aval de alguma outra pessoa, como se Dante tivesse necessitado de um prefácio de Guido Cavalcanti".

E continuava, observando que, "se fôssemos debater sobre isso, eu faria algumas objeções sobre um excesso de otimismo neorracionalista: como se salvarão aqueles que não podem comprar uma Breuer e dormem em bancos de estilo Piacentini?".

Não tenho constrangimento em confessar que não soube resistir à legítima complacência provocada por essas palavras, assim decidi transformar aquilo que deveria ser um prefácio em uma orgulhosa e incomum... autoflagelação.

INTRODUÇÃO

Confesso que me incomoda um pouco admitir, mas minha viagem no maravilhoso mundo do design italiano teve início por acaso e não como um projeto, o que talvez tivesse sido o mais coerente. Em 1964, recém-chegado a São Paulo, no Brasil, tive a sorte de conhecer Italo Bianchi, cenógrafo da mítica Vera Cruz, a casa cinematográfica brasileira que tinha aberto ao Brasil os caminhos do cinema ao receber, em 1953, um prêmio no Festival de Cannes com o filme *O Cangaceiro*. Depois de algum tempo, Bianchi colocou em minhas mãos *Obra Aberta*, de Umberto Eco, e sugeriu que eu o lesse, o que fiz rapidamente, sem compreender muito bem. No entanto, fiquei estupefato com o trecho a seguir, que muito me fez refletir e que mudaria minha vida:

Claro que nesse ponto a categoria da alienação não se limita mais a definir uma forma de relação entre indivíduos baseada em determinada estrutura da sociedade, mas, sim, uma série de relações estabelecidas entre homem e homem, homem e objetos, homem e instituições, homem e convenções sociais, homem e universo mítico, homem e linguagem. [...] Então por esse motivo, nós, pelo próprio fato de viver, trabalhando, produzindo coisas e entrando em relação com outros, estamos na alienação.

[...]

Nós produzimos a máquina; a máquina nos oprime com uma realidade inumana e pode tornar desagradável a relação que temos com ela e a relação que temos com o mundo através dela. O *industrial design* parece resolver o problema: une beleza à utilidade e nos devolve uma máquina humanizada, na medida do homem. Um liquidificador, uma faca, uma máquina de escrever que exprimem suas possibilidades de uso através de uma série de relações agradáveis, que convidam a mão a tocá-los, acariciá-los, usá-los: eis uma solução.[1]

Esse é um trecho do ensaio intitulado "Do Modo de Formar Como Compromisso Com a Realidade", incluído por Eco na segunda edição de 1963 e que não estava presente na primeira edição de 1962. Eu tinha lido em algum lugar que traduzir um texto é a melhor maneira de compreendê-lo, assim decidi verter o livro para o português do Brasil, na esperança de que, dessa maneira, conseguisse descriptografá-lo e aprender português ao mesmo tempo. De fato, eu aprendi rapidamente, e, graças a eficiente intervenção de Haroldo de Campos, minha tradução teve a sorte de ser lida e publicada por Jacó Guinsburg. Eis como minha chegada ao Brasil representou, depois de uma mudança de Nápoles para Milão, uma segunda e importantíssima etapa de minha viagem pela vida, oferecendo-me, com a cumplicidade involuntária de Umberto Eco, o sinal para o início de minha viagem pelo design. Uma viagem que já perdura por mais de quarenta anos.

Não é por acaso que, nas maiores obras literárias de quase todos os países do mundo, tanto no Ocidente como no Oriente, as viagens tenham sido frequentemente

---

1. *Obra Aberta*, p. 275-276

utilizadas como metáfora para a narrativa da vida humana. Para mencionar apenas os países mais próximos a nós, temos a viagem de Dante na *Divina Comédia*, a de Virgílio na *Eneida*, a de Camões em *Os Lusíadas*, Goethe em *Fausto*, Melville em *Moby Dick*, Cervantes em *Dom Quixote*. Real ou fantástica, por terra ou por mar, a viagem simboliza a vida, e o faz relatando os itinerários formativos do herói em sua busca pelo conhecimento. Também a nossa é uma viagem formativa. Uma viagem curta que certamente não possui a presunção de fornecer respostas, mas apenas a de contribuir para a formulação das perguntas. As perguntas são essenciais para a correta definição de qualquer projeto, seja ele profissional ou de vida. Saber quais são as perguntas exatas a serem enunciadas, ou feitas a si mesmo, significa estar no caminho correto, na procura pelas melhores respostas.

Este breviário reconstrói minha experiência conduzindo por quatro anos os seminários formativos para a Santa & Cole, uma empresa catalã situada nos arredores de Barcelona, encontros com duração de dois dias divididos em quatro partes. São jornadas com pequenos grupos de não mais do que oito participantes – projetistas e lojistas interessados em design – vindos de todas as partes do mundo. O objetivo específico dos seminários é o de oferecer aos participantes um momento de reflexão e de conhecimento, mas também o desejo de proporcionar uma experiência única e duradoura para todos, que seja capaz de estimular em cada participante uma memória indelével e uma transformação que seja irreversível, nos termos descritos no capítulo 11.

Em sua dissertação de graduação em design, Francesco Mainardi, um ex-aluno que com os anos se tornou colaborador e amigo, autor do projeto gráfico e dos esboços deste livro, a quem ainda tento transmitir minha curiosidade pelo passado, enquanto ele continua a alimentar minha nostalgia pelo futuro, concluiu agradecendo a todos os seus professores, pois "cada um deles me ensinou a como não ser quando grande". A provocação e o gracejo irreverente esconderam uma verdade profunda que remete ao complexo problema de ensinar, ao problema da transferir conhecimento e de atualizá-lo, que supõe um processo contínuo de formação. Esse problema que, em virtude da velocidade com que avança o conhecimento, pelo menos o técnico e o tecnológico, requer um empenho que não se esgota com os anos abençoados de estudos universitários, mas que, ao contrário, afeta todo o percurso profissional de qualquer disciplina, um percurso que deveria ser tão longo quanto a própria vida ativa de cada indivíduo.

Mesmo o design, que é uma disciplina bastante jovem, ensinada há poucos anos nas universidades, as quais a cada ano entregam uma nova fornada de graduados habilitados para uma profissão que ainda não é sequer reconhecida pelo Estado, requer um suporte formativo contínuo para garantir a atualização de suas diversas competências. Essas competências, todas juntas, dão vida e alimentam a atividade do designer, geradora não apenas de valores econômicos (quantitativos), como também de valores estéticos e intangíveis (qualitativos), ambos fundamentais na elevação tanto do nível da qualidade da vida como da chamada "cultura material".

A primeira imagem desta nossa breve viagem formativa pelo mundo do design e de seu mercado é aquela do romântico protagonista ascendendo em direção aos vértices do saber. Depois de concluir sua escalada, ele surge de costas contemplando um mar de névoa que, enigmaticamente, o impede de apreciar a vista da paisagem e, metaforicamente, de seu conhecimento, mas a quem tampouco pode privar do prazer que decerto lhe trouxe a viagem em si. Cada viajante, como cada homem, sabe que a viagem, como a vida, não garante respostas. Em compensação, porém, tanto a viagem como a vida ensinam e estimulam, como dizíamos, a formulação correta das perguntas (Figura 1).

A razão primeira de toda viagem ou percurso formativo e de aprendizagem se encontra na consciência, ou pelo

FIGURA 1. *Caspar David Friedrich,* Andarilho Sobre o Mar de Neblina, *1818.*

menos na intuição, de que o conhecimento constitua um objetivo válido, um objetivo importante que valha a pena perseguir e que seja necessário atingir. Um objetivo ao qual a princípio cada um olhará como um ponto de chegada, mas que depois, com o passar do tempo, se revelará como um eterno ponto de partida. Porque o conhecimento é como uma janela luminosa, aberta sobre a imensidão nebulosa e opaca de nossa ignorância. O homem sábio reconhece que quanto mais cresce o seu saber, maior será sua consciência da enormidade de tudo o que ele ignora. Parafraseando um arguto político italiano, poderíamos dizer, portanto, que "o saber exaure principalmente aquele que não o tem".

Uma vez que nosso interesse se concentra há muitas décadas no mundo do design, mais especificamente do design dos elementos de mobiliário, o ambicioso objetivo de nosso projeto formativo era, portanto, aquele de contribuir para elevar indiretamente o nível de conhecimento dos compradores finais, os chamados consumidores, atuando sobre aqueles que estão em contato com eles por razões profissionais: projetistas, lojistas e consultores em geral. Porque éramos, e ainda somos, convictos de que a única maneira de fazer crescer o chamado "Sistema Design" é fazer crescer a cultura material de seus consumidores, isto é, daqueles que representam o elo mais fraco do mercado de "Furniture and Lighting Design". Ainda que o Sistema Design e seus produtos pertençam ao mundo da economia, ao mesmo tempo eles estão relacionados com a cultura material e à sociologia do consumo.

Essa dicotomia estrutural torna mais complexo rastrear o itinerário das mercadorias de design para dentro do mercado para o qual também elas fluem e ao qual se misturam, se confundem e se confrontam com todas as outras mercadorias que, em sua grande maioria, não são mercadorias que se possam definir como de design. É fato, aos olhos de todos, que a enorme maioria das mercadorias que estão no mercado se limita, na melhor das hipóteses, a garantir a própria eficiência funcional, muitas vezes reproduzindo modelos antigos ou estilos pré-industriais; ou então se apresenta como cópia de mercadorias originais submetidas à *maquiage* de um processo de cosmética artificial grosseira, meramente evocativa de um design que se perdeu pelo caminho.

1. UM DESENVOLVIMENTO DESARMÔNICO

Os atores do Sistema Design são, em sequência, o designer, o produtor, o distribuidor e o consumidor. Cada uma dessas quatro figuras representa uma atividade que se articula e se apresenta com diversas definições. Existem tipos diversos de criadores que se dedicam à projetação (pessoas físicas ou estúdios profissionais), assim como existem tipos diversos de organizações, artesanais ou industriais, que se dedicam à produção (fabricantes, editores ou terceirizados), e outros mais envolvidos na distribuição (dirigentes comerciais, representantes, atacadista, vendedores e, ainda que de maneira mediadora, meios de informação, jornalistas e comunicadores). A atividade do consumidor, por sua vez, não é considerada uma atividade de fato, e o comprar, o fazer *shopping*, é visto como uma atividade lúdica ou de lazer, e não como um trabalho. Nos últimos cinquenta anos, a criatividade e a produção cresceram em competência, quantidade e qualidade. A distribuição se

19

especializou e se estruturou, mais em alguns setores e em alguns países, menos em outros, embora não tanto quanto a produção. Enquanto isso, o consumo permaneceu bem para trás; portanto, hoje, o consumidor representa o elo mais frágil da cadeia em torno da qual gira todo o sistema.

Dentro do mundo da produção, a oferta de serviços está se desenvolvendo mais do que a de "matérias-primas" ou de "bens". Atualmente, as maiores empresas em número de funcionários, faturamento ou lucros são exatamente as de serviço: energia, telefonia, comunicações. Produzir e vender serviços evidentemente é mais conveniente e rentável que vender produtos. E a conveniência não está toda e apenas do lado da oferta, mas também do da demanda. É certamente mais conveniente uma empresa estipular um contrato pelo fornecimento de energia com uma companhia elétrica, em vez de esforçar-se para alugar ou comprar o que serviria para produzir energia ela mesma. A partir dessas considerações, com o intuito de sublinhar algumas diferenças, decidimos tomar como exemplo os problemas de uma empresa imaginária *design-oriented* dedicada a crescer com a venda de projetos simultaneamente à venda de produtos. Formulamos aqui duas equações simples:

$$\frac{INFORMAÇÃO}{RESPOSTAS} = \frac{FORMAÇÃO}{PERGUNTAS}$$

$$\Downarrow$$

$$\frac{INFORMAÇÃO}{PRODUTO} = \frac{FORMAÇÃO}{PROJETO}$$

Figura 2

Na primeira equação, afirma-se que a informação está para o produto assim como a formação está para o projeto. Com efeito, a empresa que exclusivamente produz e vende produtos deve apenas produzir os artigos de seu catálogo e, em seguida, informar a própria clientela sobre suas características específicas. Para esse objetivo são suficientes os instrumentos tradicionais de informação. Se minha empresa produz lâmpadas destinadas à iluminação pública, devo fornecer as fotos de cada modelo, os desenhos com as respectivas dimensões, a descrição dos materiais utilizados e eventualmente os processos, os tempos previstos para a entrega, as condições de venda e, naturalmente, o preço ao público com o eventual desconto concedido aos lojistas revendedores. A essas informações verbais ou impressas, pode ser acrescentado o endereço das lojas onde a lâmpada pode ser vista, tocada, pesada, medida, testada.

Mas se, em vez disso, as lâmpadas em questão forem indicadas para utilização externa e devessem ser inseridas por um estúdio de arquitetura em um projeto que as utiliza em locais e situações diversas, apenas as informações não serão suficientes. Será necessário intervir, dialogar, inspecionar o projeto para compreender as características fundamentais, elaborar análises e medições para corretamente intervalar os equipamentos iluminadores e obter a potência adequada de luz etc. Para poder fazer tudo isso rapidamente e com eficiência, é necessário prever uma formação que integre os conhecimentos específicos dos projetistas, criando assim melhores condições de colaboração a partir de um conhecimento melhor, por parte de todos, sobre a empresa, seus produtos e as pessoas que ali trabalham.

E aí está explicada a segunda equação. A informação está para as respostas assim como a formação está para as perguntas. "Informar" subentende simples e fundamentalmente fornecer as respostas, enquanto "formar" implica participar, colaborar com os projetistas, estimulando suas capacidades, e formular corretamente as perguntas. Conscientes de que, para que se configure bem um projeto e para que se obtenha sucesso, o que deve contar é a capacidade de colocar sobre a mesa, desde o início do trabalho, todas as perguntas às quais se deverá dar uma resposta a fim de garantir a correta execução do trabalho. Se em um projeto temos a necessidade, por exemplo, de lâmpadas para o interior, devemos deixar claro se sua instalação será embutida na parede ou se ficará para fora dela, se de mesa ou de chão, se deverão indicar um caminho ou auxiliar a leitura, e assim por diante. Um projeto que nasce com as perguntas principais e as secundárias subjacentes bem definidas já percorreu metade do caminho. O caminho restante consistirá na busca das respostas, o que também é difícil, mas que diz respeito à fase operativa e de realização, certamente menos conceitual e estrategicamente menos relevante do que a inicial de configuração do projeto.

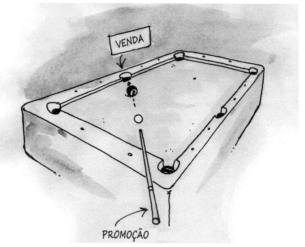

Figura 3

A metáfora visual do jogo de bilhar (Figura 3) mostra como é relativamente simples ativar o mecanismo de compra e venda quando se sabe o que fazer com os produtos, com cada peça. Neste caso, se a promoção representada pelo taco está correta e suficiente, um único golpe na bola-consumidor acarreta atingir o objetivo da venda. Paralelamente, é necessário que a promoção seja também suficientemente rica de informações úteis para descrever o produto e induzir os potenciais compradores a sentir a necessidade ou, melhor ainda, o desejo.

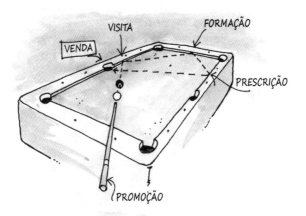

Figura 4

A venda dos projetos apresenta um nível de complexidade e sofisticação muito maior. Para conseguir realizar a compra-venda dos projetos necessita-se ir além da simples transferência de informações, que se pode realizar com uma visita ou até mesmo pela transmissão de material ilustrativo impresso ou digital. Vender os projetos requer mais (Figura 4). É necessária, quase sempre, a presença do projetista ao qual o potencial comprador demanda a escolha das partes componentes do trabalho em questão e suas harmonizações técnico-funcional e estético-formal. É mister, portanto, fornecer ao projetista-conceituador uma formação mínima para propiciar a aquisição de uma extensa série de dados relativos aos produtos que servem ao projeto, a seu desempenho e às vantagens, aos limites e às maneiras de utilização, mas também aos processos de fabricação, de montagem e desmontagem, de manutenção. Faz-se necessário, em resumo, que o produtor-fornecedor forme o projetista-conceituador para que os dois possam trabalhar juntos sobre uma base de conhecimentos compartilhados. Portanto, o vendedor do projeto, a fim de alcançar os seus objetivos comerciais, deve fazer não apenas visitas informativas a seus potenciais clientes, como também cursos adequados de formação, indispensáveis para transmitir a complexa quantidade de conhecimentos úteis para a conclusão perfeita do projeto.

Algumas décadas atrás, em um jornal italiano de publicação semanal, apareceu um *cartoon* de Altan[2] que provocava riso tanto pelo uso provocativo da sinédoque que o compunha como pelo paradoxo aparente do enunciado. Hoje, passados mais de vinte anos, as coisas mudaram de maneira profunda, a tal ponto que, optando pelo mesmo artifício retórico e substituindo a parte pelo todo, isto é, substituindo a palavra "bundas" pela palavra "consumidores", o riso desaparece e dá espaço à surpresa de descobrir que nos encontramos diante de algo que se assemelha mais a uma profecia que a uma piada. A capacidade premonitória das sátiras! Por outro lado, não devemos nos surpreender se, em um mundo governado por políticos enigmáticos, quase todos risíveis, a gestão das coisas sérias, sua análise e sua divulgação, tenham sido transformadas em uma tarefa para os cômicos e os cartunistas. Altan, de fato, intuiu antecipadamente o que hoje aflige os projetistas, os produtores e os distribuidores dos produtos de design: projetar e produzir produtos inovadores não é mais suficiente para garantir à empresa produtora uma presença sólida no mercado (Figura 5).

Não basta projetar, produzir e organizar a distribuição, mas, ainda que possa parecer paradoxal, atualmente é preciso aprender a projetar até mesmo os consumidores. Para atingir esse objetivo, é necessário ativar um amplo sistema formativo que, na ausência e à espera de um modelo educativo específico a cargo das instituições públicas, não poderá ser viabilizado se não pelas empresas privadas, tanto por aquelas que produzem como pelas que distribuem. Neste sentido, deve-se reconhecer que a presença das lojas da Ikea já trabalha nessa direção, possivelmente indo além das próprias intenções programáticas, uma vez que, transcendendo

---

2. Francesco Altan, cartunista e artista visual italiano. (N. da E.)

EM TERMOS DE CADEIRAS E POLTRONAS, NÃO HÁ MAIS NADA
QUE INVENTAR: ESTÁ NA HORA DE MUDAR AS BUNDAS.

FIGURA 5

o aspecto econômico e comercial, elas concretizam um modelo original de comunicação tridimensional verdadeiro, em escala 1:1, colocada à disposição de todos. Um modelo que tem um valor educativo e formativo excepcional e que beneficia o conhecimento, a divulgação e o desenvolvimento de todo o mercado de design.

A situação do consumo, em particular, com a qual se devem confrontar projetistas, produtores e distribuidores de produtos de design para decoração e iluminação de espaços, privados ou públicos, internos e externos, é, em alguns aspectos, paradoxal. Aquele que deveria ser o potencial consumidor parece estar acometido de uma espécie de esquizofrenia, uma síndrome curiosa que faz com que tenha um comportamento de compra anacrônica e, de certa maneira, pouco compreensível. Na verdade, aquele que poderíamos definir como o consumidor típico escolhe com cuidado suas roupas e seus acessórios de vestuário, e o faz muito atento ao design e à *griffe*: leva no pulso um relógio, talvez pouco preciso, mas com um bom design; usa um celular de última geração para avisar à esposa que está voltando, escolhido também por seu refinado design, e se coloca ao volante de um automóvel provavelmente escolhido não tanto pelo desempenho e mais pela beleza de suas linhas. Porém, quando finalmente chega a casa, corre para se jogar em uma poltrona "estilo Luís xiv e meio", "Luís Filipe de Brianza" ou "vitoriano *made in* Valência". Embora anacrônico, ainda hoje na Itália a grande maioria dos elementos de decoração é, com exceção da cozinha e do banheiro, feita segundo uma regra estética esperta de se reportar a um estilo qualquer, mais ou menos bastardo, que normalmente nem sequer é possível classificar como design.

Esse é o comportamento incompreensível e obsoleto de pelo menos quatro entre cinco italianos, isto é, dos habitantes de um país que no mundo inteiro é reconhecido como a pátria do belo design, pelo menos no setor de *mobiliáre*. Mas isso é, mais ou menos, o que acontece em quase todos os países europeus, com pouquíssimas exceções, entre as quais a da Dinamarca, onde há décadas o design se tornou parte da identidade nacional.

Vejamos o que Giuliano da Empoli fala sobre o assunto:

A Dinamarca é uma joia incrustada no coração do Báltico. Quem ali chega logo é envolvido por uma cultura evoluída e discreta que se manifesta nos gestos das pessoas, nos silêncios das ruas, na harmonia da luz que filtra através das janelas dessas pequenas casas abafadas. Com a Itália, a Dinamarca tem em comum uma grande tradição no campo do design, que ostenta nomes ilustres, como Arne Jacobsen e Poul Kjaerholm, e marcas de prestígio, de Georg Jensen a Fritz Hansen. O que é surpreendente, no entanto, é até que ponto essa sensibilidade penetrou no cotidiano da vida. Quando se entra em uma escola, quando se pede uma informação em uma repartição pública, quando se entra em um café da periferia, o design está por toda a parte. Tente repetir essa experiência em Milão, a capital mundial do design. Ao se afastar daquelas usuais quatro ruas repletas de *showrooms* e dar um passo em qualquer outra direção, a cultura do design já desapareceu. Não se encontram traços nas escolas, nem nas repartições públicas, nem nas ruas, para não falar nos aeroportos... Experimente entrar em um grande hotel e você se encontrará no máximo em meio a uma orgia de barroco brianzolo[3]. Esta é a principal dife-

3. Referente a Brianza, região ao norte de Milão. (N. da T.)

rença entre o design dinamarquês (e, em geral, escandinavo) e o design italiano: O primeiro é democrático, o segundo não. Na Escandinávia, o design se tornou parte da cultura dominante, enquanto na Itália ele permanece, apesar de seu notável sucesso, como uma cultura de oposição, como uma alternativa ao sistema, e com uma tendência subversiva em respeito a ele. A questão, evidentemente, não é política, pelo menos não no sentido mais limitado da terminologia. Em vez disso, tem muito mais a ver com a gênese do design na Itália, que é fruto de uma aliança entre pontos, de alguma maneira, periféricos: de um lado, os pequenos e médios empreendedores do Norte; de outro, os intelectuais criativos. A flexibilidade e a variedade (já pós-moderna, bem antes que Jean-François Lyotard cunhasse a palavra) resultantes dessa combinação incomum (quando em outros países foi principalmente a grande indústria que apostou no design) têm sido o ponto forte do design italiano. Ao mesmo tempo, determinou seu confinamento em uma espécie de gaiola dourada. Para o design italiano faltou a clientela pública: escolas, saneamento, transportes, a administração pública praticamente nunca levou em conta a qualidade estética dos artefatos que adquiria em escala industrial. Faltou, porém, uma competência empresarial simultânea que conduzisse ao surgimento de uma Ikea italiana, completamente inconcebível pela nossa aristocracia do design. Faltou, enfim, uma bagagem teórica e formativa que desse suporte e estrutura a esse desenvolvimento: basta lembrar que a primeira faculdade especializada foi criada pelo Politécnico de Milão apenas nos anos 1990. Nunca se conseguiu, em resumo, reunir as condições que pudessem permitir ao design italiano sair do círculo de especialistas para se tornar uma cultura difusa, de massa, como aconteceu na Escandinávia. Ao contrário, pode-se dizer que o design na Itália sempre teve que se confrontar com um contexto ambiental indiferente, quando não hostil. Essa situação precisa mudar, se desejamos ser capazes de aproveitar a oportunidade de entrar novamente pela janela na economia de alto valor agregado que parece ter expulsado o design italiano pela porta.[4]

É oportuno, então, perguntar como os dinamarqueses podem ter abraçado com entusiasmo crescente a causa do design, assegurando com suas opções de compra a intuição de um grupo enorme de designers, produtores e lojistas

4. Giuliano da Empoli, *La sindrome di Meucci.*

de móveis e de luminárias que tinham decidido virar as costas para as formas tradicionais de produção artesanal. Uma das razões da popularidade do design na Dinamarca, seguramente não a menos importante, reside no fato de que os produtos de design dinamarqueses foram promovidos e propagandeados por seus próprios produtores e distribuidores com campanhas adequadas de informação, pelo menos tanto quanto foram os produtos espanhóis na Espanha ou os italianos na Itália. Mas, além disso, os produtos dinamarqueses desfrutaram de um formidável financiamento por parte do Estado, o qual se tornou um importante usuário e, ademais, conseguiu colocar em marcha um verdadeiro processo educativo de promoção, e sobretudo de formação, endereçado aos cidadãos-consumidores. Um esforço de comunicação pública que contribuiu para que, gradualmente, fosse atribuído ao design um valor fundamental que permitiu sua participação na definição de uma nova identidade cultural para o país.

Basta olhar uma cartilha de uma escola fundamental dinamarquesa e confrontá-la com o seu correlato italiano. Numa cartilha dinamarquesa, quando se fala de uma cadeira, ao contrário de um trono toscano do século xv ou de uma poltrona veneziana do século xviii, encontramos uma conhecida cadeira de Arne Jacobsen produzida por Fritz Hansen; quando se fala de uma casa, na Itália é a casinha da Branca de Neve e dos Sete Anões, com seu teto inclinado com um romântico telhadinho vermelho. Na Dinamarca, fala-se de uma casa racionalista com teto plano. E assim por diante. É fácil entender como essas crianças, ao se tornarem consumidores adultos, se relacionam com o mercado com a cabeça repleta de paisagens icônicas diametralmente opostas: vemos os dinamarqueses tão contemporâneos em seu tempo, educados desde cedo no design, quanto anacrônicos os pequenos italianos, educados, ao contrário, para cultivar a nostalgia do passado, dando as costas para o futuro, preparados para viver um presente povoado de um mobiliário que é como fantasmas de tempos remotos. Esses fantasmas, além do mais, possuem origens distantes no espaço e no tempo, que remetem quase sempre aos muitos séculos passados durante os quais a Itália esteve ocupada ou submetida a esse ou àquele país estrangeiro.

Contudo, houve um lugar e um momento no qual o implosivo percurso itálico teve um descarte milagroso e afortunado, uma mudança providencial de rota. Aconteceu a partir de 1945, graças a um somatório de circunstâncias distintas, mas surpreendentemente convergentes. Na verdade, depois da destruição causada pela guerra, na Milão dos anos 1950, uma elite de consumidores intelectualmente cultos e cosmopolitas – profissionais, empreendedores, lojistas – decidiu voltar a mobiliar suas mansões sem recorrer, como era habitual, a mobílias de estilo tradicional, quase sempre cópias locais de originais predominantemente franceses. Essa demanda latente foi prontamente detectada por alguns dos muitos arquitetos profissionalmente frustrados pelo projeto democrata-cristão de confiar a reconstrução dos edifícios aos construtores e seus agrimensores e a reconstrução urbanística às sistemáticas abolições dos planos reguladores (quando existentes), o que permitia à política saciar seu apetite inesgotável.

Aconteceu então que, ainda de acordo com o ambicioso programa formulado em 1952, na Carta de Atenas de Ernesto N. Rogers, que previa o compromisso de assumir o comando da reconstrução do país projetando tudo, segundo o *slogan* "Desde a colher até a cidade", muitos dos nossos melhores profissionais se viram empurrados de maneira quase exclusiva e, no longo prazo conveniente, para a projetação de colheres ou de outros objetos, principalmente de uso doméstico e de mobília. Esse pequeno mas qualificado grupo de mecenas esclarecidos e de arquitetos talentosos e projetistas, defensores convictos da necessidade de renovar a paisagem doméstica mediante doses maciças de inovação, teve a sorte de encontrar na vizinha região de Brianza os primeiros interlocutores receptivos, essenciais para dar uma resposta à demanda emergente, prontos para criar protótipos e produzir imediatamente as novas criações. O estopim estava aceso e o fenômeno do design milanês podia começar a dar os seus primeiros passos, os quais mais tarde o levariam a se difundir rapidamente por toda a Itália e pelo mundo inteiro. Assim teve início o design italiano.

2. O ANIMAL PROJETANTE

No início dos anos 1960, o médico e biólogo francês Jacques Monod, prêmio Nobel de Medicina de 1965, elaborou o conceito de teleonomia[1].

O homem é, segundo Monod, um ser teleonômico enquanto representação do resultado final de um projeto que tem no próprio homem o seu fim.

Mas é também o único mamífero que vive de acordo com um projeto. Todos os outros mamíferos vivem segundo o instinto.

FIGURA 6. *Jacques Monod*, Le Hasard et la nécessité, 1970.

O homem de Monod é, portanto, um animal "teleonômico" que, por meio da seleção natural, tende a favorecer suas

---

1. J. Monod, *Le Hasard et la nécessité*.

funções vitais eliminando aquelas que, ao contrário, dificultam o seu desenvolvimento biológico. "A não variação", especifica Monod, "precede necessariamente a teleonomia. Para ser mais explícito, trata-se da ideia darwiniana de que o aparecimento, a evolução e o envelhecimento progressivo de estruturas cada vez mais fortemente teleonômicas são devidos ao surgimento de perturbações em uma estrutura já dotada da propriedade de não variação e, por conseguinte, capaz de 'conservar o caso' e de subordinar os efeitos ao jogo da seleção natural"[2] (Figura 6).

O homem é o único mamífero não especializado [...]

[...] a cultura é sua segunda natureza, talvez a mais verdadeira.

FIGURA 7. *Arnold Gehlen, Der Mensch, 1955.*

Poucos anos antes, o antropólogo e filósofo alemão Arnold Gehlen[3] havia destacado algumas atitudes fundamentais que marcam e caracterizam a vida e a história do ser humano (Figura 7). Uma dessas características é aquela que identifica o homem como o único mamífero "não especializado". Isso, como explica Gehlen, está longe de constituir uma desvantagem e resulta em um dos pilares sobre os quais se baseia seu domínio sobre os demais mamíferos, permitindo-lhe um controle hegemônico sobre toda a terra. De fato, à parte o homem, os outros mamíferos são, em maior ou menor medida, especializados. Um macaco, por exemplo, além das duas mãos, possui outras duas no lugar dos pés e uma cauda que pode utilizar como uma quinta mão, somada a uma estrutura óssea extremamente leve, que lhe permite saltar facilmente de um galho a outro como nenhum outro mamífero. Um urso-branco, por outro

2. Ibidem.
3. A. Gehlen, *L'uomo*.

lado, graças a poderosas garras, abundante quantidade de pelos e vários centímetros de gordura subcutânea, pode viver sem problemas sobre a calota polar, sem sofrer com o clima permanentemente muito frio. Se, no entanto, o macaco for levado ao polo e o urso à floresta tropical, os dois pobres animais morrerão em pouco tempo, vítimas do fato de serem especializados e, portanto, adaptados a viver em um ambiente, mas não em outro. O homem, ao contrário, em virtude de sua falta de especialização, consegue viver tanto nos polos como no equador, seja em um iglu na crosta polar ou em uma cabana construída sobre uma árvore na floresta tropical, ou apoiada sobre palafitas sobre as águas de um rio. Da mesma maneira, é o único mamífero que vive "segundo um projeto" e não segundo o instinto, e isso propicia sua adaptação às mais diversas condições ambientais, ao intervir nelas para melhorá-las ou, como acontece frequentemente, para piorá-las, mas as tornando mais habitáveis para ele.

Os outros animais, por sua vez, migram seguindo os instintos de cópula e procriação, empurrados e regulados pelos ciclos estrais, e constroem suas tocas e cercam seus refúgios para se proteger das intempéries segundo impulsos instintivos. Obviamente, assim como existem animais dotados de um instinto muito desenvolvido, existem outros menos dotados. Aos domingos à tarde, diante da televisão, quando conseguimos não adormecer ao assistir a um documentário da *National Geographic* que descreve a migração na savana africana de milhares de zebus, percebemos que sempre há um zebu superdotado de instinto que guia com segurança o rebanho à procura de novos pastos, agindo como se dispusesse dos mapas do território e/ou de uma bússola. Ao mesmo tempo, sempre há aquele que se atrasa, isolando-se, porque evidentemente possui um instinto mais modesto, o que o torna uma presa fácil para algum leão de passagem. Analogamente, existem homens que possuem uma capacidade inata de projetar, que são capazes de elaborar projetos que abarcam amplas

dimensões de espaço e de tempo, enquanto outros se mostram incapazes de projetar a maneira de administrar o tempo presente e o futuro, incapazes de ver e controlar um espaço que vá além do próprio nariz.

Outra característica peculiar do homem diz respeito a sua habilidade inerente, graças à palavra e à escrita, de acumular conhecimento e, logo, cultura, em consequência da travessia e da gestão do tempo, a ponto de essa cultura se transformar em sua segunda, e talvez a mais verdadeira, natureza. É fato que a capacidade de viver historicamente, elaborando uma cultura própria, permite ao homem uma capacidade formidável de controle sobre o tempo e sobre o espaço, garantindo-lhe uma visão que nenhum animal ligado aos ritmos do instinto poderia jamais atingir. Porque, com efeito, é a cultura em si que faz o homem ser o senhor de seu destino e protagonista de sua história. Com seu trabalho, ele vai modificando o contexto primordial original, transformando-o em um contexto novo e diverso, um contexto cultural, um contexto que se mostra, em seu conjunto, muito mais natural que o caos primordial, muito mais natural do que a desordem original que, erroneamente, consideramos como o aspecto natural da natureza (Figura 8a).

FIGURAS 8a (*à esquerda*) e 8b (*acima*).

Gehlen observa como, ao longo de todo o seu extenso percurso através do tempo, o homem gradualmente tomou posse do espaço do ambiente, na tentativa de se libertar do ancestral *Uroboros*. Ao adquirir maior consciência de si, ele deixa para trás os mitos da pré-história e aprende a construir a sua própria história mediante um desenvolvimento contínuo e incessante da sua própria cultura. Até o ponto de essa cultura se tornar, afinal, como já foi dito, a sua segunda natureza, talvez a mais autêntica e mais verdadeira, a sua natureza mais natural (Figura 8b).

Podemos pensar, por exemplo, na Langhe piemontesa ou na Baviera alemã, cujos territórios são resultados virtuosos excepcionais de projetos paisagísticos construídos ao longo de séculos e séculos, projetos feitos de incontáveis intervenções do homem, uma obra de arquitetura e de engenharia agrícola e hidráulica que separou as fileiras de videiras dos campos, alternando-os com os bosques, controlou e canalizou os cursos d'água, desenhou as trilhas, as estradas, as ferrovias e as rodovias, construiu aeroportos e a cidade. A Langhe, assim como a Baviera, e como tantas outras partes de território, se mostram, paradoxalmente, muito mais naturais do que nos parece a floresta amazônica ou até mesmo aquilo que podemos imaginar teria sido, centenas de milhares de anos atrás, o estado originário desses territórios conhecidos como Langhe e Baviera.

Sabemos que a palavra inglesa design significa, por definição, projeto e vimos que existem boas razões para argumentar que, ao contrário do que acreditam nossos amigos arquitetos, eles não são os únicos capazes de projetar, uma vez que, como bem explica Arnold Gehlen, o projeto é anterior a qualquer profissão, é uma atitude básica do homem, de fato a característica que o identifica, separando-o dos demais mamíferos. Neste sentido, é lícito afirmar que todos os homens são, ainda que com medidas diferentes entre eles, capazes de projetar e induzidos a viver segundo um projeto, com o objetivo de compensar as carências estruturais de seus instintos.

3. O MERCADO INDUSTRIAL

As razões do desenvolvimento desarmônico do Sistema Design residem provavelmente em sua própria história mais recente: o intervalo de tempo entre duas declarações, distantes entre si pouco menos de setenta anos (Figura 9).

O design é a atividade de transformação dos objetos a serem produzidos industrialmente.

W. Gropius, *Bauhaus*, Weimar, 1919.

[...] projeto, produção, venda e consumo são os quatro fatores ou momentos que fazem da experiência de design um processo unitário.

Renato De Fusco, *Storia del design*, 1985.

FIGURA 9

Quando, no início do século xx, Walter Gropius definiu o seu programa para a Bauhaus, tinha como objetivo dar aos produtos feitos à máquina uma dignidade estética específica. Ele compreendeu que isso podia ser realizado apenas transformando a criatividade, redefinindo-a como uma criatividade industrial, nova e original, em oposição à criatividade artesanal, tradicional e repetitiva. Aquilo que hoje identificamos pelo termo design é por definição a disciplina que regulamenta e define essa nova criatividade no interior do sistema de produção industrial. O objetivo perseguido lucidamente por Gropius era sintonizar os instrumentos para dar dignidade estética à produção industrial, de modo a permitir a construção de uma identidade cultural original.

Convém recordar que, desde o início da Revolução Industrial até o final do século xviii, e por mais um século ainda depois, os produtos que a indústria apresentava em enorme quantidade eram, em geral, de baixa qualidade, mas, sobretudo, sem nenhuma originalidade. Em vez de propor novas formas, a produção industrial se limitava quase sempre a reproduzir os velhos modelos tradicionais reiteradamente propostos desde sempre pela produção artesanal. No entanto, do ponto de vista estritamente econômico a indústria saiu, contudo, vitoriosa em razão das expressivas quantidades e dos baixos preços. A indústria é a vencedora, mas o novo e vasto mercado, democrático e global, que ela faz nascer, cresce e se desenvolve, conservando uma nostalgia impregnada e disseminada pelo produto artesanal. Essa nostalgia, ainda hoje, passados mais de dois séculos, continua a soprar em muitos setores do mercado e se encontra continuamente na mitificação do "feito à mão".

Na definição legada por Gropius, o design pareceria ser um problema concernente exclusivamente às relações entre designer e produtor. Entretanto, na Europa de 1919, o mercado apenas começava e a economia de consumo ainda não havia explodido, como aconteceria mais tarde depois da Segunda Guerra Mundial, a partir dos anos 1950. Para Gropius, o design seria um instrumento novo, que deveria ser inserido no sistema de produção industrial. O seu objetivo era fazer com que o design e o designer fossem aceitos pelos produtores. Naquele tempo – estamos no início do século XX –, o mercado ainda não havia se transformado em um mercado de consumo e, portanto, a figura do distribuidor varejista é pouco relevante e a do consumidor é quase inexistente. Naqueles anos, a indústria ainda estava absorvida, sobretudo, pelo problema de como produzir quantidades sempre maiores a preços cada vez menores e não havia se conscientizado do enorme potencial oferecido pela distribuição comercial e do valor comunicativo e promocional da beleza – aquela beleza que o design finalmente tornou acessível para a produção industrial.

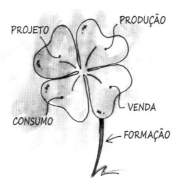

FIGURA 10

Aproximadamente setenta anos depois, o design registra uma evolução em direção a uma complexidade maior e abre as portas para a distribuição e para o consumo, os dois novos atores que Renato De Fusco, em sua definição original de design, adiciona aos dois outros protagonistas – design e produção industrial – já definidos por Gropius. Ele chega a uma configuração de um trevo de quatro folhas, que propõe como "artifício historiográfico" para a representação do Sistema Design (Figura 10).

A sequência completa do Sistema Design, designer-pro-dutor-distribuidor-consumidor, é colocada em evidência graças à engenhosa representação oferecida por uma metáfora vegetal eficaz. E é utilizando esse artifício his-toriográfico como metáfora do equilíbrio necessário entre os componentes do Sistema Design que De Fusco estuda e reconta a história do design, analisando seu desenvol-vimento nos diversos países.

Depois de haver refletido por muitos anos sobre arti-fício original de De Fusco, e de ter utilizado o trevo de quatro folhas em incontáveis ocasiões para explicar o fenô-meno design e a sua essência sistêmica, eu imaginei que se poderia dotá-lo de um caule. E que esse caule pudesse representar a Formação. Isso implica um paradoxo ou pelo menos uma incongruência, visto que a história do design italiano atesta que o fenômeno parece ter se desenvolvido prescindindo da existência de um aparato direcionado à formação. Bastaria recordar que o curso de design do Politécnico de Milão se inicia na metade dos anos 1990 e depois de quase dez anos foi acolhido pela nova Facul-dade de Design. É verdade que já nos anos 1960 tinham sido abertas em Milão algumas escolas para o ensino do design. Mas eu prefiro a hipótese de que a seiva necessá-ria para o seu desenvolvimento, o design havia recebido da faculdade de arquitetura, cujos diplomados, apesar de preparados para projetar "da colher até a cidade", se viram forçados a recorrer unicamente a projetos de colheres e de outros objetos mais ou menos domésticos, uma vez que deles foi excluída a possibilidade de projetar edifícios ou de se ocuparem do urbanismo. O fato é que o trevo de quatro folhas nasceu sem caule e, se o apresento com esse apêndice, é porque o próprio Renato De Fusco me deu per-missão, consentindo que a plantinha fosse dotada de um suporte plausível, quer do ponto de vista da historiografia do design, quer daquele mais estritamente botânico. Está claro, porém, que, embora desejável, raramente acontece de os quatro ou cinco componentes do Sistema Design se desenvolverem de maneira equilibrada e harmoniosa. Na realidade, diante de um expressivo e contínuo crescimento econômico e cultural na criatividade dos designers, dos produtores industriais e dos institutos de formação, não encontramos um crescimento econômico e cultural equivalente da distribuição e, sobretudo, do consumo.

4. ARTESANATO E INDÚSTRIA

Devo concordar com Carlos Forcolini quando ele diz que "Fazer sem projeto é jogar. Projetar sem fazer é utopia. Fazer com projeto é design".

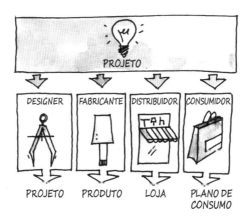

FIGURA 11

Na linguagem corrente, certos termos se tornaram privilégio exclusivo desta ou daquela categoria, empresa ou pessoa. Os industriais se apropriaram do termo "produto", assim como os arquitetos do termo "projeto". De fato, o resultado final da atividade de produção industrial é constituído de produtos, e, analogamente, o produto final do trabalho do arquiteto são os projetos. Mas isso não exclui a possibilidade de outras categorias criar produtos ou projetos. É óbvio que todos aqueles que participam do Sistema Design operam de acordo com um projeto próprio, qualquer que seja o seu papel, com o propósito de realizar o próprio produto. O designer, decerto, projeta, e o produto de seu trabalho é definido como um projeto. Da mesma forma, é evidente que os produtores também projetam suas fábricas, a organização produtiva e a gestão de sua empresa em geral, e sabemos que o resultado de seus projetos é normalmente considerado um "produto", como uma antonomásia. Os distribuidores também fazem projetos: os dirigentes comerciais fazem planos de marketing; os agentes ou funcionários planejam os itinerários de suas visitas aos clientes; os lojistas organizam suas vitrines e os espaços expositivos de suas lojas. Os consumidores igualmente projetam, sobretudo quando crescem culturalmente e conseguem se isentar da manipulação publicitária e promocional, aprendendo a formular "planos de consumo", tornando-se tanto mais autônomos e sofisticados quanto maior for sua cultura material (Figura 11).

Esta reflexão sobre a relação entre projeto, natureza e cultura reconduz às origens do design, a sua marcante influência sobre o desenvolvimento da cultura material dos últimos duzentos anos e a sua controversa relação com o ambiente e com a natureza. Ao final do século XVIII, a Revolução Industrial colocou em movimento uma nova maneira de produzir fundada sobre a utilização da máquina para fabricar enormes quantidades de mercadorias, que não seriam obtidas com o tipo de produção tradicional, manual e artesanal. Essa produção, embora sucumba quanto à questão da quantidade, segue desfrutando de uma espécie de *leadership* cultural e continua a impor seus produtos como parâmetros de referência. Muitos anos depois do início da Revolução Industrial, como testemunham as várias Grandes Exposições Universais do século xix, a indústria ainda produz produtos que imitam os artesanais, copiando servilmente manufaturas e estilos herdados de séculos de produção artesanal, não raro com acabamento pior, e introduzindo-os no mercado com preços com frequência mais altos do que aqueles dos produtos feitos à mão, mas, não obstante, consegue levá-los ao acesso comercial em virtude do emprego de doses maciças de comunicação publicitária. É curiosa, portanto a persistência do fato de que, ainda que fabricados à máquina, os produtos industriais continuam a ser, paradoxalmente, definidos como manufaturas, embora, a despeito da terminologia, todos saibam que não são feitos à mão, e sim à máquina.

ANTES DA REVOLUÇÃO INDUSTRIAL...

CRIATIVIDADE PRODUÇÃO VENDA

FIGURA 12

Por dezenas e dezenas de séculos, o artesanato se encarregou da produção de manufaturas. Ainda hoje, numa economia moderna ocidental como a Itália, o valor da produção artesanal gira em torno de 15% do total da produção de bens. Por séculos e séculos, a produção artesanal representou 100% da produção total, participando de maneira incisiva, com a agricultura e o comércio, na determinação do PIB, o índice que deveria registrar a medida do bem-estar econômico geral de cada país, região ou nação. No final do século XVIII, o advento da máquina permitiu à indústria assumir o lugar do artesanato, substituindo-o, em poucas décadas, sem que, no entanto, fosse capaz de afirmar valores estéticos novos e originais. Até o final da primeira década do século XX, na maior parte dos produtos oferecidos pela indústria, continuavam a prevalecer as formas e os estilos artesanais, prolongando a predominância cultural do artesanato e contribuindo para o nascimento daquele sentimento de nostalgia por tais produtos, que mencionamos, e que teima a perdurar até nossos dias.

Deve-se reconhecer que o modelo de produção artesanal possui um fascínio inegável e uma capacidade comunicativa inata. Na manufatura artesanal encontram-se presentes, num único lugar, a criatividade, a produção e a venda. E mais: essas três atividades fundamentais se encontravam frequentemente reunidas em uma única pessoa, na figura exatamente do artesão. O *maestro de bottega*[1] apresenta-se como o inventor e criador das manufaturas que produz com as próprias mãos ou com a ajuda de algumas poucas ferramentas, as quais ele mesmo vende, com a credibilidade e a capacidade de comunicar e convencer que é privilégio exclusivo de quem conhece bem aquilo que vende, uma vez que a projetou em sua cabeça e a fez com suas mãos (Figura 12). Naturalmente existiram, como ainda existem, artesãos com notável vocação para a criatividade, outros mais habilidosos em vender e outros ainda mais talentosos em produzir, mas o que se deve sublinhar é que um simples olhar para a oficina

---

1. Pequenas lojas artesanais, comuns no início do século XX na Itália, que incluíam pequenas oficinas onde a artesania era ensinada pelo próprio artesão, dono da *bottega*. (N. da T.)

e uma boa conversa com o mestre propiciavam ao clien-te-consumidor conhecer e entender muito mais do que hoje permitem as informações apressadas de um vendedor em qualquer estabelecimento comercial, ou as descrições impressas e veiculadas por milhares de catálogos, de pági-nas publicitárias e *spots* televisivos.

Ainda hoje a *bottega* artesanal permanece como um local mágico, um lugar de grande riqueza semântica e de ampla capacidade comunicativa, sedutor e persuasivo, um ponto de encontro entre produtor e consumidor, um lugar que torna possível a este último compreender facilmente as qualidades e as características daquilo que está com-prando, de compreender como é feito o produto e como funciona, um ponto de encontro e de trocas. Um lugar muito mais convincente do que os muitos "não lugares" onde estão à venda os produtos industriais, confiados aos cuidados de funcionários frequentemente despreparados. Ou então abandonados, mudos, sobre uma prateleira, confiados a autoexplicações inadequadas, a etiquetas indecifráveis, a folhetos explicativos ininteligíveis e a des-crições incompreensíveis. O mundo artesanal é muito fácil de compreender como um todo. Ele se abre e se revela com significativa transparência, oferecendo ao comprador a possibilidade de acessar o lugar onde os produtos são pensados, fabricados e vendidos. No mundo industrial, por outro lado, existe um local para aquele que pensa e cria os produtos, um local para aquele que os fabrica e outro ainda para aquele que os vende. O conhecimento se especializa, fragmenta-se e torna-se menos visível, menos perceptível e menos compreensível. Some-se a isso o fato de que, não raro, a fábrica produtora está localizada a uma grande distância do consumidor.

Por muito tempo ainda, após o início da Revolução Industrial, a criatividade das empresas produtoras era monopolizada pela busca obsessiva por soluçoes para o crescimento da quantidade da produção, o que deixou em segundo plano os problemas relativos à qualidade.

Assim foi na última parte do século XVIII, por todo o século XIX e ainda nas primeiras décadas do século XX. Para que a importância e o papel do design fossem incluídos e reconhecidos, foi necessário esperar ainda outro século. Somente então, com a reunião entre o sistema de produção e o design, é que se inicia um longo processo que ainda deve percorrer um longo caminho antes de poder considerar-se concluído. Um processo desencadeado e alimentado pelo trabalho intelectual de alguns socialistas fabianos na Grã-Bretanha (Arts and Crafts), posteriormente continuado na Holanda (Der Stijl), na Áustria (Wiener Werstätte) e sobretudo na Alemanha (Deutsche Werkbund, Bauhaus e a HSG – Hochschule für Gestaltung de Ulm) e de outras vanguardas fragmentadas, ativas em diversos países.

Um longo processo de transformação, subentendido ao projeto, utópico e socializante, de democratizar o belo para torná-lo acessível às massas. Os pais fundadores do design, porém, subvalorizaram o fato de que a noção de belo pode declinar e se subordinar ao gosto de cada indivíduo e de cada grupo social, orientados pelo princípio segundo o qual, como escreveu David Hume, "o belo está na cabeça daquele que olha". Ainda assim, a presunção social-democrata e intelectual de saber interpretar as necessidades e os desejos das pessoas e de poder impor de cima para baixo as respostas preparadas das vanguardas revolucionárias burguesas não funcionou. As massas operárias e camponesas, assim como a própria burguesia, são fundamentalmente tradicionalistas e conservadoras. O único instrumento que pode induzir a uma abertura para a inovação e para o diferente é o conhecimento. Um conhecimento que, no âmbito específico e limitado da atividade de consumir, é comumente definido como cultura material.

Antoni de Moragas y Galissá, renomado arquiteto modernista catalão e grande burguês, escreveu mais ou menos cem anos atrás que "el hombre, ciertamente, se forma modulado por su ambiente. De aqui la importancia del diseño" (o homem se forma, certamente, moldado por seu ambiente. Por isso a importância do design). A primeira parte dessa afirmação acompanha o que prescreve a teoria marxista, segundo a qual o ambiente determina o homem, muito mais que o homem determina o ambiente. Com base nisso tem-se, de acordo com Marx, a inevitabilidade da revolução, indicada como o único instrumento capaz de modificar o "contexto". Partindo dessa mesma premissa, Moragas, por sua vez, reafirma a importância do design, elevado a instrumento capaz de substituir a revolução social e de modificar o contexto mediante a pacífica difusão social-democrata dos consumos – garantida, estimulada e veiculada pelo design. A julgar pela maneira como as coisas andaram até hoje, a hipótese pragmática e avançada de Moragas parece ter tido mais sucesso do que aquela revolucionária preconizada por Karl Marx. A revolução do design começou há muito tempo e segue, pragmaticamente, ativa e contínua, alimentada pelo desenvolvimento econômico de novos países. Por outro lado, todas as tentativas de aplicação prática da revolução marxista se transformaram em enormes dificuldades ou se encontram já miseravelmente falidas, ainda que, a despeito da decepção com os resultados obtidos pelas tentativas até aqui realizadas, o pensamento marxista permaneça um ponto indispensável e decerto ainda não esgotado para a reflexão econômica social e filosófica.

5. A REVOLUÇÃO DOS CONSUMOS

Desde que o mundo é mundo, o mercado é o lugar de encontro e de trocas entre aquele que possui algo para vender e aquele que está em busca de algo para comprar.

FIGURA 13

Na Antiguidade, os mercados de troca se formavam em locais favorecidos pela convergência de rios ou vales e separados entre eles por oceanos e montanhas, para atender a territórios de maior ou menor extensão, segundo a geografia original das regiões. Com o advento da modernidade, as nações, e no seu interior os mercados, assumiram o papel das regiões geográficas. Nas nações, os elementos coagulantes são a língua, a moeda e a religião, enquanto os elementos de separação são constituídos pelas barreiras geográficas naturais, mas que se tornam fronteiras "políticas", delimitadas por arames farpados ou definidos por vencedores, não raro após anos de conflito, artificialmente, com traçados que quase nunca respeitam a história, os hábitos e costumes das pessoas. As nações, no fundo, são apenas comunidades políticas que no século XIX se aproveitaram do desmantelamento do Império Austro-Húngaro, substituíram as comunidades territoriais preexistentes, com o objetivo de alargar e racionalizar os sistemas de taxação e melhor dimensionar e controlar os mercados dos quais a indústria nascente tinha extrema necessidade (Figura 13). No mundo contemporâneo, o mercado é cada vez mais direcionado a se tornar global, unido pela distribuição e pela comunicação, que se conectam, tendendo a uniformizá-lo e controlá-lo segundo a conveniência dos diversos atores do cenário econômico e político.

Neste contexto, o único elemento de separação capaz de oferecer alguma resistência àquilo que se tornou um processo irrefreável em direção à globalização e a homologação parece ser o "gosto". O gosto é um elemento potente de separação que permite proteger indivíduos e grupos da sombria perspectiva apontada pela ignorância e pela miopia do grande capital econômico e financeiro que orienta e governa a economia ocidental. Por sorte, o projeto de homologação que o chamado mercado global parece pressagiar, e ao qual a vasta indústria parece propender, demora a se realizar e encontra obstáculos nas enormes diferenças étnicas, geográficas, históricas, políticas e culturais que separam os povos. Mas essa demora resulta, sobretudo, por culpa, ou talvez por virtude, das amplas diferenças de gosto que separam tanto os indivíduos como os grupos sociais.

REVOLUÇÃO INDUSTRIAL: OS LUGARES E OS LÍDERES

1770-1920	INDÚSTRIA	ENGENHEIRO
1890-1940	UNIVERSIDADE	CIENTISTA
1930-1970	MERCADO	MARKETING MAN
1950-1990	COMUNICAÇÃO	DESIGNER
1990-?	O HOMEM	HEDONISTA VIRTUOSO

FIGURA 14

Desde quando a economia se tornou, acima de tudo, a economia dos consumos, o usuário individual, enquanto consumidor potencial, ganhou enorme importância, e o sistema econômico inteiro o colocou como eixo em torno do qual deveria girar. No início do processo de industrialização não era assim (Figura 14). No centro da cena elevava-se o engenheiro, pois o problema principal era fazer funcionar as máquinas para produzir cada vez mais. Isso não era fácil, muito menos óbvio, porque se tratava de conseguir produzir o mais rápido possível toda a quantidade necessária para recuperar o capital investido, tornando-o remunerativo. Quando depois, finalmente, foram definidas as regras para o funcionamento eficiente da produção, surgiu o problema do custo excessivo da energia, razão pela qual o cientista se tornou o personagem mais importante do sistema, pois é capaz de encontrar novas fontes de energia, sempre mais convenientes. Eis que então, em algumas décadas, se passou da exploração da força das águas dos rios e das bacias criadas por meio da construção de diques para a produção de energia hidráulica, à turfa, ao carvão, ao petróleo e ao gás, à energia atômica, aos biocombustíveis, à energia eólica e à solar. A diminuição dos custos energéticos permite a redução dos preços, o que é uma premissa fundamental para a conquista dos mercados, mesmo daqueles mais pobres e distantes.

Contudo, para conseguir despachar as grandes quantidades de bens, é necessário saber vender os produtos a milhares de quilômetros do local onde eles são produzidos, em países estrangeiros e distantes. Cresce, então, a importância do homem de marketing, que dispõe das técnicas necessárias para a distribuição correta e completa dos bens em todos os setores de um mercado, cada vez mais vasto. E chegamos quase aos dias de hoje, quando a dilatação das vendas e o crescimento da concorrência entre produtores tornam evidentes a enorme importância da comunicação e revelam que aquilo que é belo, ou o que é assim considerado, consegue se comunicar melhor porque deixa traços mais duradouros na memória do potencial comprador, com a consequência de torná-lo mais facilmente vendável. Mas também porque os homens sabem que não será o incremento do PIB que os deixará felizes; ao contrário, eles possuem o sentimento ancestral de que somente o amor, incluindo o amor pela beleza, pode indicar o caminho que conduz à felicidade.

Nesse ponto, o usuário final dá início ao seu despertar tardio e começa a transformar-se lentamente. E o faz abandonando o figurino de consumidor para vestir aquele do Hedonista Virtuoso, quer dizer, o figurino de um comprador que está aprendendo a escolher, para conseguir gastar a partir de um projeto, um projeto individual que qualquer um deve conseguir formular para não ser subjugado. O Hedonista Virtuoso é pouco ou nada manipulável, sabe aquilo que quer, porque aprendeu a organizar os próprios desejos; sabe onde e o que buscar. O Hedonista Virtuoso é o consumidor capaz de restituir sentido e valor ao gesto de consumir, elevando o consumo à categoria de projeto: o Projeto de Consumo Individual, exatamente.

Antes da Revolução Industrial, quando a produção de bens era confiada ao artesanato, a distribuição de tudo aquilo que o artesão não vendia ele mesmo em sua *bottega* era confiada aos mercadores, os quais trabalhavam frequentemente também como clientes das *bottegas* artesanais, das quais encomendavam as mercadorias que comprariam mais tarde. E facilitavam o processo financiando os artesãos com dinheiro e/ou com o aporte de equipamentos e matérias-primas necessários, além de cuidar do transporte delas e dos produtos finais.

O MERCADO **ANTES** DA REVOLUÇÃO INDUSTRIAL

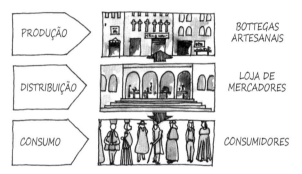

FIGURA 15

Durante um intervalo longuíssimo de tempo, que durou milênios, o mercador ocupou posição central no mercado, qualificando-se e caracterizando-se muito mais por suas qualidades de comprador do que por aquelas de vendedor. Um bom mercador era aquele que sabia, sobretudo, onde e o que comprar. O modelo do mercador daquele tempo é Marco Polo, que passou quase vinte anos viajando pela China, aonde foi não mais para vender alguma coisa, e sim para procurar novos produtos para comprar. A posição estratégica ocupada pelos mercadores daquele tempo – podemos recordar dos Médici de Florença – permitia que acumulassem quantidades consideráveis de dinheiro. Graças a isso, os mercadores costumavam se transformar em banqueiros, para depois possivelmente se tornarem políticos e governantes de suas cidades e de seu país (Figura 15).

Após a Revolução Industrial, esse equilíbrio se rompe e o velho modelo se decompõe. No mesmo momento que o artesão é substituído pelo industrial, o "mercador" deixa seu posto e assume uma nova figura, a do "comerciante".

O MERCADO **DEPOIS** DA REVOLUÇÃO INDUSTRIAL

FIGURA 16

A sua posição de centralidade deixa de ser aquela posição de força e de equilíbrio, estrategicamente colocada entre a produção e o consumo. A produção, na verdade, impulsionada pela necessidade de vender uma quantidade enorme de bens que agora já é capaz de produzir, entra em contato direto com os consumidores, estimulando neles o desejo e lhes solicitando a preferência, graças à publicidade. Uma marteladora comunicação virtual endereçada ao cliente através do rádio, da imprensa e da televisão passou por cima da cabeça dos mercadores, estabelecendo um novo relacionamento, ainda que indireto, entre produtores e consumidores. Estes últimos começam a requerer a seus mercadores de confiança aqueles produtos que a indústria anuncia e que estimulam a curiosidade e que eram do seu agrado. Produtos que com frequência os mercadores não queriam adquirir nem expor em suas lojas, julgando que não despertariam interesse e, consequentemente, não seriam vendidos. Porém, até o mais informado e esperto dos mercadores, depois que o enésimo potencial comprador entra em sua loja e pede por um produto que ele havia descartado por considerar que não possuía a qualidade adequada, é obrigado a ceder e, para não fechar seu negócio, a se dobrar aos pedidos de sua clientela, abastecendo-se com o produto que os clientes solicitam. Neste momento, talvez sem se dar conta, eles deixam de ser "mercadores" para retroceder e se tornarem simples "comerciantes". Perdem sua posição privilegiada de estratégica centralidade para se tornarem uma peça da engrenagem de distribuição que, direta ou indiretamente, é controlada e gerida pelo sistema produtivo industrial. Abdicando de seu papel de mercador, são forçados a se converter em comerciantes ou a abandonar o mercado, deixando o campo para a Grande Distribuição Organizada (GDO), a única capaz de se contrapor à indústria, negociando com ela de igual para igual.

Entre as tentativas de sobrevivência mais criativas de que tive conhecimento, recordo-me daquela de um mercador-artesão da região de Brianza que não conseguia mais vender as cozinhas que construía e foi obrigado a se transformar em um comerciante, tentando vender as cozinhas produzidas industrialmente por uma grande empresa alemã que eu então distribuía para a Itália. Consciente da persistência daquela nostalgia pelo artesanato de que falamos, decidiu expor as cozinhas germânicas que eu lhe fornecia em um espaço situado ao fundo de sua oficina de carpintaria, onde continuava a fazer pequenos trabalhos sob encomenda. Os clientes que desejavam ver as cozinhas, e a quem o comerciante buscava dar a entender que eram feitas por ele mesmo, tinham que atravessar toda a oficina se cobrindo de serragem e de lascas de madeira. Esse percurso parecia exercer sobre os potenciais compradores um efeito taumatúrgico, mais convincente do que a mais sofisticada campanha publicitária.

FIGURA 17

De fato, depois da Revolução Industrial o modelo de produção artesanal, ainda que continue a existir, se tornou cada vez mais marginal. A maior parte das *bottegas* artesanais foi forçada a fechar e, com seu desaparecimento, as funções tradicionalmente atendidas e que aconteciam no interior desse tipo de estabelecimento se separam, adaptando-se ao novo sistema. A produção passa a existir no interior das indústrias, nas fábricas, onde serão desenvolvidos sistemas e processos mais sofisticados, para produzir cada vez mais a custos cada vez menores. A venda alimenta novas modalidades distribuidoras, que irão levar ao nascimento e ao desenvolvimento das lojas especializadas e da GDO. Das três funções que conviviam no interior da *bottega* artesanal, aquela que não encontra um novo domicílio é a criatividade; como que esquecida, ela permanece excluída por muito tempo do novo sistema econômico, mantendo-se às margens tanto da produção como da distribuição.

Para a criatividade sobrou o papel de Cinderela, esquecida e excluída principalmente pelas fábricas, onde não consegue encontrar seu papel e seu lugar, uma vez que o epicentro da atenção do poderoso sistema de produção industrial permanece, como já dito, por mais de um século dominado pela busca obsessiva da quantidade, acima de tudo e a qualquer custo. Fazer funcionar a fábrica a plena capacidade para produzir amplas quantidades permanece por muitas décadas como um problema de difícil solução, que não deixa espaço nem energia para que se possa ocupar de qualquer outra coisa. Dar forma e dignidade estética a uma crescente quantidade de produtos parece ser um problema secundário, que não merece ser afrontado e resolvido. A criatividade, privada do reconhecimento de sua função dentro das fábricas, passará muitas décadas longe dos novos mecanismos produtivos e distribuidores, protestando e contestando, mas sempre a partir do exterior do sistema de produção. Ela conseguirá sobreviver, de maneira precária, refugiando-se nas vanguardas artísticas que, ao longo do século XIX e ainda durante as primeiras décadas do século XX, polemizaram com o novo sistema econômico e com o sistema político que o alicerça. E o fazem subindo sobre as mesas de bares para ler e divulgar manifestos programáticos, tão revolucionários quanto ignorados, pelo menos pela maior parte dos industriais. Os futuros designers refugiam-se entre os artistas, escritores, músicos, pintores, à espera de que se criem as condições para o seu reconhecimento enquanto colaboradores essenciais do novo sistema produtivo. São os anos de Marinetti e do futurismo italiano, mas não apenas isso.

Nesse contexto, o grande mérito de Walter Gropius e de sua Bauhaus foi conseguir colocar em movimento uma dinâmica didática e cultural que com o passar do tempo conseguiria a inserção da criatividade no interior do sistema de produção industrial, na forma de uma nova disciplina, hoje identificada pelo nome de design. O itinerário alimentado pelos numerosos movimentos orientados para a pesquisa e definição de uma "estética industrial" capaz de dar dignidade e originalidade ao produto fabricado à máquina se completa idealisticamente mediante o reconhecimento e a subsequente inserção do design no interior do ciclo produtivo. Com o reconhecimento do papel e da importância do design, a criatividade lentamente se reconcilia com o sistema de produção industrial. Isso acontece primeiro em alguns países, depois em outros, primeiro em alguns setores, depois em outros, porém de maneira crescente e em um número cada vez maior de setores e países.

Pode-se também considerar como uma conquista o fato de que, ainda que tardiamente, se recomponha a fratura e a consequente separação entre produção e criatividade ocorridas no nascer daquela que hoje é definida como a primeira Revolução Industrial. Nesse meio-tempo, no entanto, depois da energética e a dos transportes, chegamos a uma outra revolução, favorecida pela difusão das redes digitais, e caracterizada pelo aparecimento dos *makers* e da redescoberta dos chamados mercados de "nichos", que vão rapidamente conquistando uma importância crescente. A web e a internet não param de causar espanto por sua diabólica capacidade de subverter, suplantar, todos os parâmetros que regularam por séculos o desenvolvimento econômico, e não só isso. Podemos dizer que, aliando-se à rede, o diabo colocou sua cauda, uma "longa cauda", da qual falou primeiro Chris Anderson, em seu ensaio publicado no *Wired Magazine* em 2004, intitulado, justamente, *The Long Tail*, mesmo nome do livro publicado em 2006. A teoria da longa cauda projeta cenários futuros de esperança interessantes, nos quais se pode entrever a possibilidade de conseguir conter o poder excessivo da quantidade em detrimento da qualidade, das multinacionais em detrimento das pequenas empresas, da GDO em detrimento dos pequenos revendedores, do mercado global em detrimento do local.

6. AS METAMORFOSES DO MERCADO

Por muito tempo, a distribuição dos produtos industriais foi orientada baseando-se em uma segmentação grosseira do mercado e da demanda, que se limitava a levar em conta os aspectos econômicos, tomando em consideração exclusivamente a renda dos potenciais compradores.

FIGURA 18

O mercado da classe alta reunia determinado número de empresas produtoras, as quais buscavam os comerciantes considerados de classe alta, que por sua vez atraíam uma clientela de classe alta. E o mesmo, analogamente, para a classe média e para a baixa, por vezes subdividida mais tarde em média-alta, média-baixa, e assim por diante.

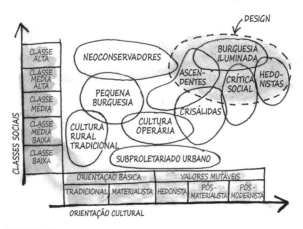

FIGURA 19

A partir dos anos 1980, o modelo de representação do mercado e de segmentação da demanda se tornou mais sofisticado, combinando à valoração econômica e socioeconômica também aquela representativa das diferenças socioculturais, cada vez mais evidentes e relevantes. Ao lado da renda, aparece o gosto (Figura 19). A sociologia dos consumos coloca em foco e analisa a nova segmentação da sociedade, revelando novas classes sociais e novas diferenças de grande relevância. A economia dos desejos vai substituindo aquela das necessidades. O aumento geral da renda se junta à crescente importância das diferenças de gosto e de cultura entre os consumidores. Essas diferenças receberam o destaque necessário, para benefício das empresas, de tal maneira que permitissem um direcionamento mais preciso sobre os diversos modelos de distribuição, agora já evidenciado que a distribuição dos produtos de design não pode ser feita da mesma maneira e por meio dos mesmos canais utilizados pelos distribuidores da produção tradicional. Porque nos produtos do design os valores de uso, funcionais e utilitários, são adicionados àqueles formais e estéticos, que são valores típicos da cultura material que transforma, que caracteriza, que distingue e que separa os diferentes grupos sociais no interior das diversas realidades nacionais. Com a sofisticação da demanda e de sua segmentação, cresce a sofisticação dos produtos, em particular daqueles de design, que cada vez mais constituem a fronteira extrema da inovação. São exatamente os produtos de design aqueles que, incorporando as últimas descobertas no campo dos materiais, dos processos, da técnica e da tecnologia, desafiam e propõem as experimentações estéticas e formais mais ousadas.

	CARACTERÍSTICA DA DEMANDA	OBJETIVO DO MARKETING	DENOMINAÇÃO FORMAL
1	NEGATIVA	NEUTRALIZAR	MARKETING DE CONVERSÃO
2	INEXISTENTE	CRIAR	MARKETING DE ESTÍMULO
3	LATENTE	DESENVOLVER	MARKETING DE DESENVOLVIMENTO
4	VACILANTE	REVITALIZAR	MARKETING DE RENOVAÇÃO
5	IRREGULAR	SINCRONIZAR	MARKETING DE SINCRONIZAÇÃO
6	SATURADA	MANTER	MARKETING DE MANUTENÇÃO
7	ABUNDANTE	REDUZIR	MARKETING DE CONTRAÇÃO
8	NOCIVA	DESTRUIR	MARKETING DE CONTRASTE

FIGURA 20

De fato, design e inovação podem ser entendidos como sinônimos. Mas é exatamente em virtude disso, dessa coincidência entre design e inovação, que o ingresso e o itinerário de reconhecimento e aceitação dos produtos de design no interior do mercado são extremamente lentos e complicados (Figura 20). Na verdade, se observarmos os diferentes tipos de marketing aventados por

Philip Kotler, considerado um dos fundadores da disciplina, encontraremos elencados oito tipos distintos de demanda, aos quais correspondem outras tantas tarefas e denominações do marketing. Cada caso apresentado sua dificuldade específica. A demanda irregular, por exemplo – como aquela de brinquedos ou dos objetos para presentes –, precisa ser sincronizada para buscar distribuir as vendas ao longo de todo o ano, evitando que sua quase totalidade se concentre nas festas de fim de ano. Para esse objetivo, houve esforços para inventar novas festas que fossem agregadas às festas tradicionais de Natal, fim de ano, Páscoa, presenteando também no Dia dos Pais, das Mães, da Mulher, dos Namorados etc., o que acarreta melhor distribuição das vendas.

A demanda nociva, como a de drogas, por exemplo, deve ser combatida e destruída, assim como tentam fazer as instituições públicas por intermédio de campanhas publicitárias recorrentes. A demanda negativa, como aquela de calçados em um país onde as pessoas andam todas descalças e onde a concepção geral é de que sapatos fazem mal à saúde, requer um marketing de conversão capaz de superar convicções profundamente enraizadas. Neste contexto tão variável, os produtos de design se veem com a tarefa de confrontar uma demanda inexistente ou, na melhor das hipóteses, latente. O fato é absolutamente compreensível se pensarmos na relação de suspeição e até de rejeição que cada um de nós, enquanto consumidores, quase sempre assume toda vez que se deve confrontar com um produto ou um serviço fortemente inovador e, por isso mesmo, desconhecido. Sem negligenciar o fato de que, enquanto é normal buscar e requerer aquilo que se conhece, é muito pouco provável que um consumidor deseje e, portanto, possa demandar alguma coisa que não conheça, que nunca tenha visto.

A minha experiência profissional no mundo de design teve início em 1972 com o lançamento da luminária Tizio de Richard Sapper produzida pela Artemide, empresa na qual eu então trabalhava. Um objeto, a Tizio, se tornou com os anos um dos mais importantes representantes do design italiano. Produto muito inovador, tanto na forma como nos materiais, a Tizio utilizava uma novíssima lâmpada halógena. Era surpreendente por sua forma incomum e pelo seu dinamismo; era dotada de um transformador na base, transmitia a energia de baixa voltagem através dos elementos metálicos de sua estrutura cinética. Para o seu lançamento comercial, preparamos um sofisticadíssimo cartaz no qual o perfil da lâmpada era estampado em negro lúcido sobre negro opaco, com o texto escrito em pequenos caracteres brancos, crípticos para a maior parte das pessoas, que dizia: "Tizio, o gosto lúdico do equilíbrio improvável".

Essa mesma mensagem foi veiculada também sobre muitas brochuras, vários catálogos e sobre páginas publicitárias das revistas setoristas. Acompanhado de representantes regionais, fui visitar os maiores lojistas do norte da Itália e o resultado foi uma enorme desilusão, porque nenhum dos clientes visitados queria comprar a luminária, avaliando o produto de forma negativa. A verdade era que se tratava de uma luminária de grande design, excepcionalmente inovadora e, portanto, avaliada como pouco comercial. Acho que no primeiro ano, e por muitos anos ainda, não se vendiam mais do que mil peças por ano. Mas, no início dos anos 1980, a Tizio chegou a vender mais de 100 mil peças ao ano, atingindo dimensões de faturamento suficiente para criar uma empresa dentro da empresa e se tornar contemporaneamente um ícone, um dos emblemas do design italiano no mundo. É verdade que seriam necessários ainda muitos anos antes que o mercado conseguisse digerir toda a carga de inovação incluída naquela luminária. E é preciso sublinhar que as maiores resistências ao seu sucesso vinham dos lojistas distribuidores, e não tanto do público de potenciais compradores.

Em alguns países, como Dinamarca e Itália, o design encontrou no setor de mobiliário um aliado formidável, um acelerador potente para sua comunicação e para sua difusão. Luminárias, móveis, cadeiras, sofás e poltronas

FIGURA 21

favoreceram grandemente a conquista gradual do interesse e da fidelidade dos consumidores, bem como o desenvolvimento de um novo mercado: o mercado dos produtos de design. É curioso notar como essa atenção ao design, suscitada pela invasão de objetos que modificaram e enriqueceram a paisagem doméstica, e que agora interessa também a paisagem urbana, aquele da nossa cidade, tenha tido no setor moveleiro seu primeiro impulso. Um fenômeno curioso, em virtude do qual o lento processo de aprendizagem, que podemos definir da mesma forma como um *learning by buying* (aprender comprando), que em muitos setores, como o da alimentação e do vestuário, se realiza quase automaticamente de maneira natural, não tenha acontecido com o mobiliário. No setor moveleiro, a evolução dos compradores de produtos de design é muito mais irregular e difícil que em outros setores de consumo. Mas a razão é simples (Figura 21).

A excelência italiana no design cada vez mais tem se manifestado e se caracterizado, com crescente visibilidade, através dos três "A", que são: *abbigliamento* (a moda), *arredamento* (o design) e *alimentazione* (a dieta mediterrânea e o Slow Food)[2]. Recentemente eu escutei o

---

2. *Abbigliamento*: vestuário; *arredamento*: mobiliário; *alimentazione*: alimentação. (N. da T.)

sempre brilhante Philippe Daverio traduzir para o inglês esse fato referente a Itália como os quatro "F": *Fashion, Furniture, Food* e *Ferrari*. Cavalinho empinado à parte, é verdade que a esses três setores se deve boa parte da nova imagem que a Itália assumiu para se apresentar no cenário internacional. No final das contas, um quadro bem melhor se comparado àquela Itália dos três "M" de minha juventude: Máfia, Macarrão e Mandolim. Aquela Itália que na capa da revista alemã *Der Spiegel* foi retratada como um prato de espaguete ao sugo sobre o qual se apoiava um revólver.

Não obstante a por vezes folclórica e variável imagem da Itália, deve-se sublinhar a virtuosa e simétrica convergência que une e direciona para um único mercado esses três importantes setores da nossa atividade produtiva. O vestuário, a alimentação e o mobiliário identificam três mercados distintos, mas unidos pela presença de alta taxa de criatividade, uma vez que todos os três fazem referência à pessoa e à qualidade de vida individual e ao papel proeminente do gosto como guia para as orientações individuais. Não é coincidência que esses três setores tenham se desenvolvido na Itália, um país no qual eventos históricos turbulentos favoreceram a difusão e o enraizamento de uma forma peculiar de individualismo, nem sempre apenas negativo, mas colocando em foco uma desatenção profunda a tudo o que é relacionado à coletividade, pública ou privada. E não é coincidência que, ao fazer referência a uma matriz cultural única, permite-se individuar nas diversas faixas de gosto, grupos de pessoas reconhecidas pelo fato de preferir certo tipo de comida, de roupa, de mobília. Grupos de pessoas cujas propensões e cujas orientações de compra são muito similares. Chega-se assim a identificar uma área mais vasta de consumo constituída de pessoas que bebem e comem certo tipo de produto, preferem escolher roupas e móveis em sintonia, perseguindo uma linha de gosto única e coerente.

Ao longo da própria vida de consumidor, que em média se inicia ao redor dos 25 anos, com a conquista da autonomia econômica, e termina ao redor dos 75, quando essa autonomia se exaure, cada indivíduo realiza aproximadamente dez mil gestos de aquisição para alimentar-se, mil para vestir-se e um pouco mais de três para mobiliar a própria habitação. Consequentemente, seja por não ter nenhuma instrução específica, seja por contar apenas com a reiteração das próprias escolhas e a experiência que deriva disso, uma pessoa de inteligência e sensibilidade normais consegue definir o próprio gosto enquanto atinge a identificação da comida e das roupas que prefere mediante um processo de aprendizagem que se realiza por uma série de aquisições, possivelmente equivocadas, que lhe permitem experimentar e definir, erro após erro, as próprias preferências alimentares ou de vestuário.

Essa aprendizagem gradual não é, por outro lado, possível com o mobiliário, visto que, em geral, a primeira vez que se compram móveis e utensílios é antes dos trinta anos, quando se constrói o chamado primeiro ninho. Uma segunda vez, ao se fazer uma renovação ao redor dos quarenta anos, quando os filhos começam a crescer e a situação econômica se estabiliza e se consolida. A esses dois gestos de aquisição se pode estimar que se acresça algum outro para aquisição de mobília para uma segunda casa, no campo, no mar ou na montanha. Em uma hipótese de um total de três aquisições ao longo de cinquenta anos, elas se dividem em intervalos tão longos que condenam irremediavelmente à ignorância qualquer comprador de mobília, a menos que tenha estudado o assunto, ou seja, um arquiteto. E, ainda nesse caso, necessitará que o nosso comprador tenha tido a possibilidade de atualizar-se continuamente, porque de outra forma, quando depois de dez ou quinze anos retornar ao mercado para fazer suas novas aquisições, não poderá contar com a experiência adquirida previamente. Após quinze anos, descobrirá provavelmente que os produtos que conhecia não estão mais em catálogo ou que o produtor não existe mais ou que o lojista do qual ele tinha feito suas últimas aquisições fechou ou mudou de sede.

O corolário dessas considerações é que, quase sempre, quem adquire elementos de mobílias não conhece o mercado e é condenado à ignorância, devido ao intervalo longo demais, que separa seus poucos gestos de aquisição realizados ao longo da vida. São essas as razões pelas quais, de modo geral, uma mesma pessoa, quando decide comprar um móvel, sabe muito menos do que quando efetua compras de alimentos ou vestuário. Está explicado por que se torna fundamental enfrentar o problema com a ajuda de um decorador ou de um arquiteto, ou então confiar na competência e no profissionalismo de um comerciante recomendável ou recomendado e, portanto, merecedor de confiança. Enfim, aquele que compra mobília deve confiar e contar com o conhecimento e a competência de alguém que o ajude a não cometer erros, erros com os quais se arrisca depois a ter que conviver por muitos anos. O problema se resolve de outra forma, porém são casos menos frequentes, quando o comprador possui um gosto muito preciso, formado sobre a base de um conhecimento adequado da cultura material, a qual reúne as informações essenciais para classificar e julgar a variada aglomeração de elementos de mobília, luminárias e objetos que o mercado propõe.

O mercado de design viveu por muitos anos uma transformação bastante lenta, que foi interrompida pela crise econômica iniciada na segunda metade de 2007, que inverteu sua dinâmica ao imprimir uma aceleração inusitada ao processo de mudança. Uma aceleração posterior ocorreu com a crescente importância das vendas através da internet, que, por enquanto, se ocupa de tipos de mercadorias capazes de suscitar um interesse maior das faixas de compradores mais jovens. Mas é certo que a internet está destinada a modificar profundamente os hábitos de compra também no setor de mobiliário. Existe ainda o fenômeno Ikea, que, como apontado anteriormente, além de dar continuidade ao próprio crescimento, com a abertura de várias lojas em todo o mundo, oferece um modelo comercial que, apesar de muito imitado, ainda não foi superado. Um modelo que, além de ter conseguido grande êxito comercial e econômico, que transcende os limites do mercado, marcou profundamente a cultura material de muitos países, modificando comportamentos e costumes enraizados e afetando modelos sociológicos seculares e consolidados.

7. O FASCÍNIO DISCRETO DO DESIGN

Todos os objetos possuem corpo. Os objetos de design, além de corpo, possuem alma. Aqueles com bom design possuem um corpo útil e uma alma bela. O corpo é a parte que se vê e que se toca, no interior da qual reside a função caracterizadora da utilidade do objeto. A alma, por seu lado, emerge quando o objeto não é chamado a assumir sua função específica. Mas é na alma que se abriga o fascínio dos produtos do bom design; nela se encontra a qualidade estética do objeto, aquela que se pode considerar a sua principal e mais autêntica característica cultural, a sua segunda e mais intrínseca natureza. Eis a revelação do fascínio discreto do design.

Tomemos como exemplo uma luminária de mesa. A sua função é iluminar, portanto, sua atividade varia em função da quantidade e da qualidade da luz que produz. Uma luminária precisa emitir luz durante uma média de seis horas por dia, ao passo que, durante as outras dezoito horas, permanece apagada, sem ser utilizada, funcionalmente inútil. Mas, quando se trata de uma luminária de bom design, ela revela imediatamente uma alma, ainda quando não está iluminando. Uma alma capaz de contribuir a fazer mais bela a mesa ou a escrivaninha sobre a qual está apoiada e mais agradável o espaço circundante. Trata-se daquela mesma alma que primeiro seduziu e depois induziu que ela fosse comprada, provocando tanto fascínio por sua qualidade estética que, muitas vezes, o comprador se descuida de verificar a sua funcionalidade efetiva.

Nos objetos de bom design, a alma equivale àquela "aura" de que fala Walter Benjamin em suas ainda atuais reflexões sobre a obra de arte na era de sua reprodutibilidade técnica. Porque a sacralidade estética da Arte (aquela com A maiúsculo) é caracterizada pela "unicidade" e pela "inutilidade" da obra, que é feita à mão e é portadora de um valor que transcende seu valor econômico. O valor do Design (aquele com D maiúsculo), por sua vez, além do encanto estético, é caracterizado pela utilidade funcional do objeto e pelo fato de que ele é produzido e reproduzido em centenas ou em milhares de exemplares idênticos e distinguidos por um parâmetro econômico: o preço. A arte nasce nos espelhos d'água em torno das fontes da cultura das quais somente poucos privilegiados, fruidores eleitos, podem beber. O design, ao contrário, explode no vasto mar da cultura material, aquele mar no qual estamos todos imersos e que excita um crescente fascínio para as massas que não podem ainda ter acesso a ele.

Recentemente, Gilles Lipovetsky escreveu que, "hoje, o vetor de estetização do mundo não é mais a arte, mas o consumo". E continua que "a cultura do dinheiro e do sucesso tenha influenciado evidentemente o mundo artístico, onde já se estabeleceu definitivamente a tradicional oposição entre arte e mercado. Mas se deve dizer que o capitalismo apenas acompanhou uma evolução que já estava em curso de maneira autônoma dentro do mundo artístico. Se, de fato, no tempo de Baudelaire o artista vivia para a arte, e não para o dinheiro, defendendo uma visão romântica da sensibilidade artística, na vanguarda do século xx a arte se distancia da estética tradicional desinteressando-se do belo. A arte se torna uma experiência. Com Warhol, o artista renuncia à *bohème* e se transforma em um empreendedor que faz negócios e para quem os negócios são arte. A arte se transformou em um setor do mercado". Um mercado no qual "ao *homo oeconomicus* se juntou o *homo aestheticus*"[1].

Ainda que se possa considerar excessivo o julgamento de Hegel, quando solenemente decretou a morte da arte, não se pode deixar de levar em conta que há muito tempo somos espectadores e testemunhas de uma profunda crise nela. Pode ser que a arte esteja destinada simplesmente a alterar seu *status*, também devido à posição preponderante assumida pelo design nas últimas décadas. Esse reposicionamento da arte acarreta uma metamorfose cujas implicações conduzem para muito longe. Trata-se da metamorfose de uma civilização inteira que foi profundamente condicionada pela industrialização e pelo desenvolvimento planetário do mercado e que agora encontra dificuldade em renunciar à noção de "utilidade estética" que distingue os produtos de design. Em resumo, essa metamorfose carrega consigo uma renúncia definitiva e levemente nostálgica ao desfrute do que poderíamos definir como valores ideais de uma "estética do sublime" historicizada, valores que a arte veiculou por muitos séculos. Mas leva consigo, simultaneamente, a repentina e irreversível passagem a uma "estética do funcional" mais prosaica, caracterizada pelos valores materiais veiculados pelo design, muito mais utilitários. O tempo dirá se o adeus aos valores ideais em troca daqueles materiais foi portador de uma vantagem efetiva e de um progresso verdadeiro, ou se, ao contrário, de um retrocesso civilizado que, travestido de uma roupagem tecnológica e de

---

1. G. Lipovetsky, *L'Esthétisation du monde.*

design, tenha permitido o triunfo daquela que foi definida como a "razão cínica"[2].

No interior desse desenfreado instrumento de transformação econômica, social e cultural, desse fenômeno que foi e continua a ser o design, a Collezione Storica Del Compasso d'Oro ADI representa um parâmetro italiano de referência, uma fonte segura, já reconhecida internacionalmente. Ela assinala uma referência autorizada e extraordinária para todos aqueles que sentem a necessidade de escapar ao redutivo papel de consumidor e se tornar um Hedonista Virtuoso, quer dizer, um designer de seu próprio consumo, capaz de escolher segundo um projeto pessoal e não mais induzido. E capaz de esquivar-se dos mecanismos de manipulação cada vez mais sofisticados que constituem o mercado global, que alteram perigosamente os equilíbrios por conta do poder excessivo dos produtores, os quais são efetivamente globais e operam como tais, enquanto os consumidores são e permanecerão sempre locais.

Entre os muitos valores dos quais a Collezione Storica *in progress* é depositária e portadora, vale a pena sublinhar um em particular, que a torna ainda mais excepcional e absolutamente singular e irrepetível. Trata-se de sua diacronicidade: o fato de que ela foi construída ao longo de sessenta anos, por estratificações sucessivas, subjacentes a uma constante busca utópica da perfeição e do belo, sob o signo de uma espécie de secção áurea pontuada pelo tempo, em sintonia com essa busca pela harmonia e pela perfeição que estava na base da pesquisa do compasso de ouro. Aquele compasso cujas proporções fazem referência explícita aos parâmetros perseguidos pelos mestres do Renascimento italiano para dar forma à utopia espacial da cidade ideal.

A partir de 1954, com intervalos de três anos aproximadamente, os júris internacionais se sucederam para

2. P. Sloterdijk, *Critica della ragion cínica*.

atribuir, com base em um regulamento, um mínimo de dez e um máximo de vinte Compasso d'Oro e um mínimo de 75 e um máximo de 150 menções de honra (Figura 22). A cada ano, a ADI, por intermédio do próprio *Osservatorio Permanente*, com a colaboração entre os seus quatro departamentos e suas treze delegações territoriais, escolhe cerca de 150 candidatos entre os muitos milhares de toda a produção nacional do ano precedente para participar do prêmio. A cada ano, essa seleção de produtos é apresentada ao público com uma mostra e com a publicação do ADI *Design Index*. A cada três anos, um júri internacional nomeado pela ADI é convidado para outorgar prêmios e menções de honra, elegendo entre as cerca de 450 peças selecionadas no triênio, incluídas nos três últimos ADI *Design Index*.

FIGURA 22

Durante quase setenta anos, as cerca de trezentas peças que foram agraciadas com o Compasso d'Oro, em suas 23 edições, representam a excelência da produção italiana, segundo a competente e inédita avaliação diacrônica dos júris que se sucederam. O juízo é irrepetível porque, se solicitássemos, hoje, a um júri internacional que premiasse trezentos produtos escolhidos entre os muitos milhares que se candidataram ao longo dos sessenta anos passados, esse júri expressaria um juízo sincrônico, que, no entanto, não reproduziria, obviamente, os resultados e as escolhas dos júris anteriores. Qualquer uma delas foi representativa dos critérios, dos conhecimentos e dos gostos de seu tempo. Encontrar-nos-emos diante de uma coleta de pedaços construída segundo os valores majoritariamente em voga hoje e, portanto, condizentes com os gostos e opiniões atuais, uniformemente contemporâneos.

Graças à cotidianidade difusa dos muitos objetos que a compõem – objetos que tivemos e muitas vezes ainda os temos em nossas casas e com os quais, e entre os quais, temos vivido parte da nossa vida –, muitos dos produtos incluídos na Collezione Storica Del Compasso d'Oro ADI representam a nossa memória, fazem parte do nosso museu doméstico e nos ajudam a percorrer a nossa própria história, revelando-nos, inclusive pela sua presença, como nossos gostos foram se modificando com o passar do tempo, de maneira por vezes surpreendente e não raro original.

8. O GRANDE RIO DO DESIGN

O design italiano recolhe muitos benefícios do crescente conhecimento e da melhor aceitação e difusão subsequente dos valores que caracterizam a prática do design, tanto da parte dos produtores como dos consumidores. Esses valores devem ser entendidos, primeiro, como alternativa progressista contra a tendência predominante de produzir por reiteração, refazendo continuamente as mesmas coisas, em uma espécie de coação à repetição a partir de um molde marcadamente retrógrado e conservador.

Eu acredito que o desenvolvimento do design italiano para além de nossas fronteiras nacionais poderia se alicerçar melhor se fosse colocado em foco o que caracteriza, em si, o design italiano, uma vez que isso não é evidente a todos. Devemos ajudar os estrangeiros a entender o que constitui o marco mais característico da originalidade do design italiano. Devemos deixar claro que, para conseguir repetir o sucesso italiano, eles não devem olhar para os

77

produtos e depois simplesmente copiá-los, mas sim trabalhar para reproduzir também em seu país um modelo que, ainda que inspirado no "modelo italiano", consiga reproduzi-lo em um contexto diferente, sem imitá-lo servilmente e, sobretudo, sem apenas copiar seus produtos.

A grande originalidade do modelo italiano consiste em ter edificado um vasto e duradouro movimento cultural, um verdadeiro "Sistema Design" capaz de ir além dos produtos sem, no entanto, negar a importância que eles tiveram e continuam a ter. Sabemos bem que os produtos são os melhores embaixadores e promotores de si mesmos. Basta lembrar a enorme capacidade de comunicação da qual é depositária a Collezione Storica Del Compasso d'Oro com sua coleção de objetos. Mas os produtos, isoladamente, não conseguiriam transformar o design italiano nesse fenômeno social econômico e cultural que o mundo inteiro contempla com admiração. Para sedimentar e perpetuar o sucesso italiano, todas as instituições públicas e privadas devem contribuir para a difusão das razões que permitiram ao design italiano transformar-se, em poucas décadas, em um dos elementos característicos da cultura e da economia da nova Itália. Cabe a nós explicar que o sucesso do design italiano não se deve somente à qualidade dos produtos, mas, principalmente, à complexa estrutura de ações convergentes que se transformou nessa história fascinante, cuja narrativa é a própria essência da epifania laica representada pelo design italiano. Para encontrar as razões do sucesso do design italiano, é necessário compreender quais são os elementos constitutivos de seu percurso singular. E essas razões os produtos, por si só, não conseguem explicar, uma vez que elas representam exclusivamente os êxitos, o resultado final dessas ações.

O design italiano pode ser comparado a um grande rio que se foi formando no espaço e no tempo. Um grande rio cujo fluxo e curso imponentes foram enriquecidos graças ao aporte de numerosos afluentes. Entre os muitos ramos adutores desse rio, estão o designer, o produtor e/ou editor, o distribuidor, os que trabalham na comunicação, além daqueles da formação. Todos juntos contribuíram para formar o Grande Rio do design italiano, assim como o conhecemos hoje. Seria tão difícil quanto responder se o que nasceu primeiro foi o ovo ou a galinha, estabelecer se primeiro o design nasceu na cabeça de um designer, que conseguiu encantar e seduzir um produtor potencial, ou se na cabeça de um produtor, que então saiu à procura de um designer. Quando penso no nascimento do fenômeno design no setor de mobiliário, devo dizer que o encontro entre a mãe empresa e o pai design aconteceu como resultado da ação cultural visionária de um alcoviteiro virtuoso como Dino Gavina, um arranjador de casamentos entusiasta e genial. Desse matrimônio nasceram inúmeros filhos em forma de empresas e de produtos, os quais os distribuidores e os divulgadores ajudaram a se tornar grandes e famosos no mundo inteiro. Seja como for, os dois principais afluentes são certamente o do designer e, contemporaneamente, aquele não menos importante dos produtores e/ou editores.

Os primeiros designers são, em larga maioria, intelectuais e arquitetos que assumiram a tarefa de reinventar a paisagem doméstica e a paisagem urbana, projetando e dando vida a essa "floresta artificial" que o *homo faber* foi construindo para integrar e substituir a floresta natural primeva. Foi o designer que, projetando novos produtos, deu início à elaboração dessa narrativa refinada e culta, que se tornou a característica mais marcante do design italiano. Aquela narrativa que, desde o início, se desenvolve a partir dos produtos, mas que não se detém neles, abrindo-se também aos processos, aos materiais, aos modos de uso, aos comportamentos, aos modelos de comunicação e de consumo, e prosseguindo em uma construção inteligente de um "Sistema Design" fundado sobre a palavra e dedicado a definir uma nova metodologia, uma nova "linguagem".

O rio afluente dos produtores e/ou editores é formado primeiramente por um punhado pioneiro de capitães corajosos que encontraram na confiança pela inovação e na paixão comum pela mudança o terreno de encontro com os designers. Por trás desses capitães corajosos, uma floresta de pequeninas, pequenas e médias empresas – as chamadas terceirizadas –, competentes e empreendedoras, capazes de assumir com entusiasmo não apenas o importante papel de fabricantes das partes componentes, mas também aquele de incansáveis experimentadores e realizadores de formas inovadoras, utilizando materiais e processos de vanguarda. Falta ainda escrever uma história do design italiano que revele o papel determinante das muitas centenas de empresas terceirizadas desconhecidas e especializadas que, permanecendo discretamente na sombra, permitiram ao design italiano atingir muitos dos seus maiores êxitos.

Outra contribuição de significativa importância foi a aportada pelos trabalhadores da distribuição. Entre eles é preciso recordar daquele grupo de lojistas que souberam transformar seus espaços comerciais, normalmente destinados à venda, em vibrantes locais direcionados ao encontro de uma nova cultura material, à apresentação dos autores, ao debate sobre os novos produtos de design; mas abertos também à apresentação de artes plásticas, literárias e artísticas de modo geral. Conseguiu-se, graças a essa disponibilidade inovadora, evidenciar e divulgar ao grande público os valores culturais das novas mercadorias. Espaços comerciais capazes de adequar sua maneira de apresentação àquela utilizada no mundo das artes, contribuindo assim para a assimilação de seus ritos e mitos pelo novo mundo do design. Coragem, pioneirismo, ecletismo e entusiasmo que guiaram igualmente muitos trabalhadores da distribuição engajados em outras funções, dentro das empresas produtoras ou nos serviços de informação ao mercado.

Depois, temos a comunicação, sobretudo aquela das revistas mensais de arquitetura e de mobília, mas também a dos livros e de outras mídias que desenvolvem, por meio da palavra escrita e de imagens, o discurso crítico que sempre acompanhou e amplificou o trabalho de design, ilustrando suas características de fenômeno moderno e complexo, confrontado tanto ao mundo da economia como ao da cultura. Deve-se sublinhar a importância de alguns encontros de divulgação e de promoção que se foram ampliando até se tornarem eventos periódicos, como o Salone del Mobile (Salão do Móvel de Milão), que transforma, uma vez por ano, a cidade de Milão em um amplo espaço aberto para a comunicação da inovação.

Por fim, há o importante papel da formação, que vê a iniciativa privada antecipar-se enormemente à iniciativa pública. Em Milão, em 1954, no mesmo ano no qual La Rinascente[3]* instituiu o prêmio Compasso d'Oro, nasceu a escola politécnica que Nino Di Salvatore fundou com um espírito visionário precursor. Mais tarde, nos anos 1960, surgiram outras escolas, entre elas o IED (Instituto Europeu de Design), que abriram várias sedes em diversas cidades italianas, na Espanha e no Brasil. Em 1996, na Escola Politécnica de Milão, nasceu o curso de design que se transformou, no ano 2000, na Faculdade de Design. Nessa mesma época, iniciaram-se os cursos de design dentro de outras faculdades universitárias, entre as quais as situadas em Turim, Veneza, Nápoles e Palermo. Não é importante que nem todos os formados tenham conseguido encontrar trabalho como designer: o que conta, de fato, é que se tenham preparado, a cada ano, milhares e milhares de pessoas que sabem o que é o design e que podem encontrar trabalho na comunicação, na distribuição, nas empresas produtoras e que, no mínimo, podem utilizar suas competências aquisitivas para se tornarem consumidores qualificados, Hedonistas Virtuosos, pessoas capazes de efetuar escolhas de aquisições conscientes.

---

3. Grande empresa italiana de lojas varejistas de alto padrão que comercializa desde artigos para casa, como móveis e objetos de decoração, até itens de moda e beleza, além de bebidas e alimentos finos. (N. da T.)

Deve-se recordar, *last but not least*, a função desenvolvida – entre a informação e a comunicação – por organizações como o Cosmit, organizadora do Salão do Móvel de Milão, e de associações como a AIAP (Associazione Italiana Design Della Comunicazione Visiva), a AIPI (Associazione Italiana Progettisti d'Interni) e, em particular, a ADI (Associazione per il Disegno Industriale). Há quase setenta anos, esta última reúne, como sócios, designers, produtores, distribuidores, mas também jornalistas, professores, críticos e historiadores, escolas, universidades, entidades e editores, agregando setores do Sistema Design que, no mercado, convivem em uma dialética de confronto por vezes muito entusiástico, mas que, dentro da associação, trabalham de comum acordo para o desenvolvimento do design italiano, animados todos por uma paixão comum. À ADI (1956), em particular, se deve a organização anual do *ADI Design Index* e, a cada três anos, do prêmio Compasso d'Oro (1954), além da conservação dos produtos premiados que são custodiados pela Fundação ADI (2001), declarados em 2004 "bens de interesse nacional". Deve-se sublinhar que, com essa atividade, a ADI desenvolveu nos últimos sessenta anos um papel importante, fundamental e subsidiário àquele das instituições públicas, preenchendo lacunas criadas em razão da reiterada ausência ou das precariedades inaceitáveis delas. Devem-se assinalar duas exceções a esse desinteresse, ambas datadas de 2011: primeiro, com a colaboração essencial que a Fondazione Valore Italia, pertencente ao Ministério do Desenvolvimento Econômico, forneceu à ADI na organização e no financiamento da 22ª edição do Compasso d'Oro, que teve lugar em Roma, por ocasião do sesquicentenário da unificação da Itália. E, depois, com a decisão da Prefeitura de Milão de destinar uma área coberta de cerca de 5 mil metros quadrados para o estabelecimento de uma sede própria para a ADI e com o propósito de hospedar e expor a coleção histórica das peças do Compasso d'Oro, confiada aos cuidados da Fundação ADI.

O design italiano é tudo isso e, portanto, não pode ser representado exclusivamente pelos produtos, apesar da autoridade que carregam como embaixadores silenciosos, no amplo mercado global, que é o mercado natural de todas as mercadorias, inclusive aquelas do design. O design é uma linguagem universal, compreensível por qualquer indivíduo de qualquer lugar, como a música, a arte ou uma bela paisagem. É uma linguagem universal porque é acessível a todos e compreensível por todos, ainda que não provoque em todos nem o mesmo apreço nem a mesma emoção. Os resultados econômicos do enorme sucesso da internacionalização do design italiano, um sucesso comprovado pela presença dos produtos italianos em todos os mercados do mundo, deve ser seguido agora por sua consolidação, que será tão mais possível quanto melhor se saiba solidificar a *leadership* cultural italiana, a única capaz de garantir a manutenção da hegemonia econômica. A cultura, mesmo aquela material, não deve representar uma barreira, e sim um esforço em derrubar as barreiras, onde quer que elas se encontrem. Eis por que é importante conhecer como se formou esse grande rio do design italiano, ultrapassando a simples afirmação de seus produtos. Porque, ainda que os produtos possam ser copiados, não se pode reproduzir a unicidade da Itália, essa fantástica fusão de criatividades diversas que compôs o design italiano, e, por causa dessa mesma unicidade, ser convidada em 2011 a apresentar seus melhores produtos durante a celebração da fundação da Itália, com duas grandes mostras organizadas, ambas em Roma.

Como fica evidente no primeiro painel, que se intitula "As fontes", acredito que exista uma relação entre a história que se desenvolveu sobre o território italiano, ainda nos séculos que precederam a unidade política (1861) e os êxitos do design na Itália. Trata-se mais de uma intuição do que de uma tese, uma intuição que talvez merecesse ser verificada em um trabalho de pesquisa sobre essa fragmentada paisagem estética e econômica oferecida pelo território deste país excepcional que é a Itália. Um tema para uma tese de mestrado ou doutorado, que seria, aliás, muito útil. Há muito a ser feito para promover e difundir os valores positivos do bom design italiano, que permanecerá italiano, mesmo que venha a ser conjugado, como já acontece, por um designer estrangeiro e fabricado no exterior por produtores estrangeiros. O fato é que, na dialética futura, entre o que é local e o que é global, serão importados cada vez menos manufaturas e cada vez mais conhecimento, realizando aquela transformação necessária para superar as perspectivas estreitas da crise econômica e financeira, que é também, e sobretudo, uma crise de modelos e de valores.

O gráfico encontrado nas quatro páginas a seguir nasceu depois de algumas viagens ao Brasil e, principalmente à China, com a intenção de constituir uma ferramenta capaz de facilitar a comunicação e a explicação da complexa gênese do design italiano, bem como de sua estrutura sistêmica articulada. Ele foi imaginado como um enorme painel de 720 centímetros de largura, obtidos montando-se em sequência oito painéis de 90 cm de largura e 180 cm de altura, a 20 cm do chão. Obviamente, as dimensões podem ser alteradas, bem como o suporte de sua apresentação. O objetivo, evidentemente exemplificador, é o de ilustrar o Sistema Design italiano tornando-o mais facilmente compreensível. O autor não teve a intenção de representar uma classificação, tampouco uma lista baseada em méritos, e assume a inteira responsabilidade pelas prováveis lacunas; ademais, desculpa-se com todos aqueles profissionais, empresas ou instituições que, devido à memória falha e aos limites de espaço, porventura não tenham sido mencionados.

O GRANDE RIO DO DESIGN ITALIANO

AS FONTES

Academia de Brera, Os Sforza, Martesana, Milão, *A Última Ceia* de Leonardo, Scamozzi, Duomo, Tiziano, Giorgione, Bramante, Giacomo Balla, Carpaccio, Veneza, Futurismo, Giovanni Bellini, Tintoretto, São Marcos, Palladio, Raffaello, Pico della Mirandola, Brunelleschi, Os Médici, Florença, Pollaiolo, HFG Ulm, Bauhaus, De Stijl, Leonardo da Vinci, Botticelli, Assis, Piero della Francesca, Cimabue, Perugia, Giordano Bruno, Giotto, Il Perugino, Borromini, Poço de São Patrício, Bernini, Michelangelo, Roma, Fontana de Trevi, Coliseu, Leon Battista Alberti, Praça São Pedro, Caravaggio, Benedetto Croce, Federico II, O Maschio Angioino, Pompeia, Werkbrund, Cuma, Nápoles, Capela de São Severo, Reggia di Casserta, Amalfi, Giovanni Verga, Pitágoras, Guarino Guarini, Palermo, Capela Palatina, Bellini, Teatro Polytheama, Pirandello, São Cataldo.

OS AFLUENTES

Formação: universidades, escolas e entidades

Giulio Carlos Argan, IED, Poltecnico di Milano, Università degli Studi di Palermo; Thomas Maldonado, Federlegno Arredo, Domus Academy, Fabrica, Seconda Università di Napoli, Scuola Tecnica di Design de Milão, IAUV de Veneza, Libera Universidad de Bolzano, Renato de Fusco, Filippo Alison, ISIA, Abitare il Tempo, Politecnico di Torino, Università degli Studi di Scienze Gastronomiche.

PROJETO

Designer

Marcello Nizzoli, Pier Giacomo Castiglioni, Roberto Mango, Sergio Pininfarina, Riccardo Dalisi, Giorgio Armani, Tobia Scarpa, Paolo Rizzato, Denis Santachiara, Giò Ponti, Bruno Munari, Ettore Sottsass, Angelo Mangiarotti, Gae Aulenti, Luigi Massoni, Mario Bellini, Paolo Deganello, Antonio Citterio, Stefano Giovannoni, Ignacio Gardella, Luigi Caccia Dominioni, Vico Magistretti, Gianfranco Frattini, Alessandro Mendini, Giorgetto Giugiaro, Carlo Forcolini, Piero Lissoni, Franco Albini, Gino Sarfatti, Achille Castiglioni, Roberto Sambonet, Rodolfo Bonetto, Sergio Mazza, De pas-D'Urbino-Lomazzi, Walter de Silva, Carlo Scarpa, Marco Zanuso, Giandomenico Belloti, Richard Sapper, Joe Colombo, Enzo Mari, Fabio Lenci, Ugo de la Pietra, Alberto Meda, Michele De Lucchi.

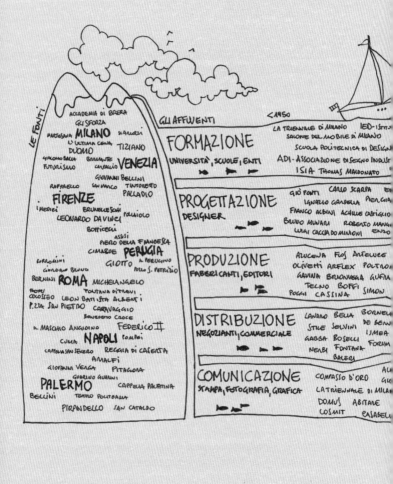

PRODUÇÃO

Fabricantes e editores

Castelli, Venini, Molteni, Arteluce, Kartell, Zanotta, Abel Laminati, Teuco, Olivetti, Arclinea, Boffi, Brionvega, Martinelli, Stildomus, IGUZZINI, B&B Italia, Fiam, Valcucine, Poltrona Frau, Fontana Arte, Azucena, Tecno, Danese, Gavina, Flos, Poliform, Luceplan, Edra, Alias, ICF de Padova, Poggi, Alessi, Cassina, B-Ticino, Arflex, Moroso, Poltronova, Artemide, Gufram, Driade, Agape, Bernini, Cappellini.

DISTRIBUIÇÃO

Lojistas e operadores comerciais

Gurlino, Bornello, Ismea, Bella, Vattolo, Lanaro, Stile, Spelta, Il Prisma, Nerbi, International Design, Novelli, Colonna, Santiccioli, Zinelli & Perizzi, Baleri, De Soko, De Bernardis, Studio B, Cappelli, Forum, Genca, ArDar, Eataly, Damiano, Tabarelli, Boselli, Selvini, Fontana, Gabba, Toschi, L'Obelisco, Casarredo, Biagetti, Interform, Habitat, Mariani, Arcon, Ferrari, Loffredo, D'Emilio, Majolino, Barraja.

COMUNICAÇÃO

Imprensa, fotografia e gráfica

K. Konig, Andrea Branzi, Giuliana Gramigna, Aldo Ballo, Ottagono, DDN, ADI Index, Vittorio Gregotti, Vanni Pasca, Interni, Enrico Morteo, Casa Vogue, Slow Food, Beppe Finessi, Studio Azzurro, Bob Noorda, Domus, Italo Lupi, Oliviero Toscani, ADI, Abitare, Op. Cit., GAP Casa, Marco Romanelli, AtCasa. it, Casabella, a Trienal de Milão, Compasso d'Oro, Cosmit, MODO, Elle Decor, Marco Romanelli, Stefano Casciani.

9. DESIGN *VERSUS* MARKETING

A situação é esta, e só nos resta arregaçar as mangas e nos prepararmos, uma vez mais, para agir no lugar dos esquivos poderes públicos. As empresas produtoras não poderão se limitar a promover os próprios produtos, mas deverão pensar também em como educar a própria clientela, elaborando propostas de modelos formativos, nos quais, na impossibilidade de envolver diretamente os consumidores, por demais numerosos, distantes e desconhecidos, as empresas deverão comprometer, pelo menos, os intermediários – arquitetos, decoradores e lojistas – que possuem vitrines e contatos com o público, por meio de quem os consumidores habitualmente se aproximam dos produtos e serviços das empresas. É necessário elevar o nível de conhecimento dos compradores potenciais, e isso só se pode obter comprometendo e informando todos aqueles que possuem oportunidade profissional de contato com os consumidores finais. Sem uma elevação da cultura material dos consumidores, e sem uma tomada de consciência difundida acerca dos valores dos quais o design é portador, isso seguirá atrofiado do ponto de vista econômico, continuando a se mover apenas em meio a uma porção do mercado muito reduzida.

A esperança de que o design de elementos de mobiliário possa fazer crescer mais rapidamente sua presença no mercado graças à utilização das técnicas de marketing alimenta um grande equívoco e esconde um perigo ainda maior. O equívoco, em parte, se encontra refletido sobre o que descrevemos aqui, evidenciando as significativas diferenças existentes entre o número de compras que caracterizam o mobiliário, em confronto com aquele de outros setores. Contudo, a razão mais profunda é outra e se coloca em um nível mais alto e abstrato. A verdade é que o design e o marketing são polos opostos, ou pior, são antagonistas. Antagonistas sob a mesma óptica que separa o Cristo de Paulo de Tarso. Jesus Cristo encarna, em minha visão, o nível mais alto atingido pela inovação no campo do social e das relações humanas (Figura 23).

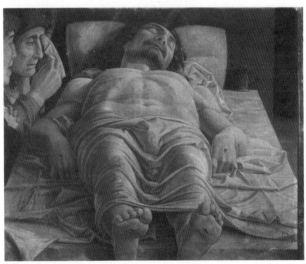

FIGURA 23. *Andrea Mantegna,* Cristo Morto, *1480.*

O valor revolucionário de sua mensagem ainda é, passados mais de dois mil anos, universalmente reconhecido por crentes e leigos. Seu ensinamento é direcionado ao coração dos problemas, sem se preocupar com os destinatários de sua mensagem. E se, como já dissemos anteriormente, inovação e design são sinônimos, poderíamos admitir a sua figura como símbolo de um design do mais alto nível, tão alto para se tornar até mesmo transcendental.

Paulo de Tarso (Figura 24), ao contrário, primeiro autêntico gênio do marketing, é quem funda a Igreja de Cristo que, sob um ponto de vista econômico, representa hoje aquela que talvez seja a maior empresa do mundo.

FIGURA 24. *Valentin de Boulogne,* São Paulo a Escrever as Epístolas, *1620.*

Decerto a mais longeva e provavelmente a de maior patrimônio e rica. Sem dúvida a primeira a intuir as enormes possibilidades de desenvolvimento de produtos intangíveis e de serviços; a primeira a compreender a importância do software como ilustração e suporte para a oferta, e a primeira a se organizar em âmbito internacional. Foi a primeira também a utilizar a arma da comunicação – bastaria lembrar das dezesseis ou mais cartas em forma de epístolas aos coríntios, aos colossenses, aos efésios, aos filipenses, aos gálatas, aos romanos, aos tessalonicenses e outros. Verdadeiras circulares promocionais criadas com o objetivo de realizar a distribuição de um software existencial. Mesmo sem ter jamais conhecido Cristo, Paulo interpreta livremente seu pensamento, retirando-o do círculo reduzido dos apóstolos e exportando-o para muito além das estreitas fronteiras da Palestina. Consegue assim reelaborar e universalizar a mensagem de Cristo com singular inteligência e dinamismo. O nível ao qual a hierarquia eclesial terminou por elevá-lo impede até hoje que se analise e valorize sua ação, como concretamente mereceria. De um ponto de vista leigo, sua visão é lúcida e sua ação leva sempre em conta as expectativas das demandas. Trata-se daquela visão que permite ao grande homem de marketing individuar com precisão a demanda. Uma demanda que ele sente estar presente em um mundo que atravessa uma crise profunda de valores, uma demanda que salta com força da enorme multidão de desamparados à qual ele dirige sua prédica. Paulo sabe interpretar e satisfazer as necessidades elementares que agitam o espírito humano naqueles tempos sombrios. Não promete respostas, mas oferece esperança. Inteligentemente, intui os temores e as incertezas de seus pares e capta a necessidade que tem de crer em um guia visionário, sem armas, porém com autoridade e rigor.

Ele traz uma oferta de esperança para um mundo de homens desesperados que, naquele tempo, assim como ainda hoje, mesmo depois de abandonar a adolescência, continuam a carregar a necessidade de um pai a quem temer, respeitar e amar. Mas Paulo se supera com sua obra-prima: estabelecer e impor sobre o mercado da fé um novo produto de alta modernidade. Moderno porque se trata de uma esperança imaterial, em um futuro celestial, que propõe sobrepor-se ao monoteísmo local hebraico de uma espera eterna, além de estabelecer uma alternativa ao politeísmo ofegante da Roma imperial, contaminado por mil ritos pagãos. E leva seu produto a um sucesso estrondoso, oferecendo condições de venda revolucionárias, excepcionalmente convenientes, pelo menos segundo a opinião da maioria. Eram condições certamente inigualáveis e insuperáveis por qualquer outra empresa daquele tempo, ou de qualquer outro tempo. O produto que Paulo oferece, e que podemos definir como uma "promessa de felicidade eterna", pode ser obtido exclusivamente mediante um pagamento antecipado, enquanto a entrega do produto em si é prevista para depois da morte! Incrivelmente, as pessoas daquele tempo, assim como as de hoje, aceitam a negociação: cada novo fiel aceita pagar, não em três ou seis meses, e sim em pequeninas prestações – não de dinheiro, mas de tempo –, um crediário que dura o exato tempo de toda a sua vida. Paulo transforma cada comprador em um fiel, com tal confiança no que crê que aceita que o preço pago com o próprio sacrifício terreno possa retornar a ele em forma de uma felicidade não mais possível de ser desfrutada em um futuro terreno, mas somente após a morte, no alto dos céus. Em um tempo depois da morte, onde já não haverá mais passado, nem presente, nem futuro. Genial, absolutamente genial! Paulo realiza o sonho imaginado e jamais realizado de todos os homens de marketing.

Esta manhã, 2 de março de 2014, enquanto aproveitava o feriado para fazer pequenas correções e ajustes neste livro, a rádio começou a transmitir do Vaticano, em Roma, a saudação dominical do papa aos fiéis reunidos na praça de São Pedro. Em ocasiões desse gênero, respondendo ao que já se tornou um reflexo condicionado, troco imediatamente de estação ou desligo o rádio. Quando necessário, ou quando me perguntam, me apresento como ateu, não obstante, assim como muitos, cultive um credo, digamos, condicional, um credo sem fé. Eu acredito que o homem criou Deus, e não o contrário. Que o homem exista, isso me parece indubitável, do mesmo modo que não há dúvidas de que cada homem precisa de um pai para vir ao mundo e de um Deus para poder permanecer e conseguir viver tranquilamente. Para responder a essa exigência de um Deus para adorar e a cuja crença o homem se aventura desde o início dos tempos, inventou para si não só um, mas uma variada miríade. E isso se repete desde sempre, em todos os lugares e com nomes diversos. Enquanto isso, as últimas pesquisas da neurociência parecem confirmar que o homem possui uma necessidade biológica de crer, enquanto sobre o fato em si da existência de Deus não tenhamos nenhuma certeza. E a fé não se alicerça sobre provas, nem as oferece. Entretanto, se temos a necessidade de crer e Deus não se manifesta, inventemos nós mesmos a existência, para nosso uso e consumo.

Seja como for, esta manhã não desliguei o rádio. Uma curiosidade induzida e um interesse amadurecido me estimularam a escutar o primeiro papa jesuíta e não europeu. E valeu a pena. O papa Bergoglio fez inicialmente um apelo à solidariedade entre os homens, sublinhando que o desejo de se tornar rico não seria pecado se a riqueza fosse vivida de maneira solidária, e se os ricos utilizassem sua condição privilegiada para ajudar os pobres. E com esse primeiro pronunciamento, ele, à sua maneira, ajustou as contas com a enfadonha lamentação que persiste entre aqueles que continuam a pregar os méritos de um igualitarismo derrotado pela política e negado pela biologia. Imediatamente depois fez soar um agudo "dó de peito" quando, para confirmar aos ricos que a solidariedade para com o próximo é a única maneira de dar um sentido elevado à riqueza, recordou-lhes, com uma síntese eficaz, que "o sudário não possui bolsos". Uma afirmação que faz referência à concretude implícita e à urgência que distinguem a mensagem cristã primeva, aquela das mensagens e discursos lapidares e contundentes atribuídos a Jesus Cristo.

De fato, a confecção de um sudário sem bolsos está de acordo com as melhores práticas, pressupõe uma obra rigorosa e essencial, exatamente como a mensagem do Cristo. E como recomendam as normas do bom design. Rigor e essencialidade condizentes com o que se pode esperar de um grande projetista do melhor design atual. A minha imaginação maliciosa me induz a imaginar que se, ao contrário, a confecção do sudário, dois mil anos atrás, fosse confiada a uma pessoa como Paulo de Tarso, ou a um moderno homem de marketing, teríamos provavelmente um polivalente sudário multibolsos, ou então um sudário concebido como um único e enorme bolso! Um sudário capaz, assim, de alimentar a esperança insana de poder carregar todas as suas riquezas para o além, como um faraó do antigo Egito. Essa esperança, no entanto, aos olhos do homem de marketing, poderia talvez jogar a favor, estimulando que se vendesse ainda mais. E o que importa o rigor ético do design? E o que interessa se os bolsos obviamente não servem para nada? O importante é vender, vender, vender.

A incompatibilidade entre o marketing e o design é também visível quando atentamos para o fato de que a palavra "marketing" remete, etimologicamente, a mercado. Com efeito, a empresa estrategicamente *marketing oriented* direciona sua atividade a partir da análise e da pesquisa de mercado, às quais confia para entender as orientações majoritárias, com o objetivo de colocar em produção produtos capazes de responder à demanda, com a única preocupação de satisfazê-la. Se o mercado pede um produto quadrado, de metal laqueado, pintado com cores vivas, a nossa empresa buscará supor as medidas mais corretas, escolherá o metal mais conveniente e as cores mais *trendy*.

A empresa *designer oriented*, ao contrário, opera de maneira totalmente diferente. Antes de tudo, parte do produto e não do mercado, privilegiando a qualidade da oferta em vez de se preocupar com a quantidade da demanda (Figura 25).

Quando se decidiu produzir a luminária Tizio, por exemplo, nenhum dos responsáveis da Artemide se perguntou se havia uma demanda pelo novo produto e quão amplo era o mercado potencial para a luminária. A ideia de fazer uma pesquisa de mercado para sondar os gostos

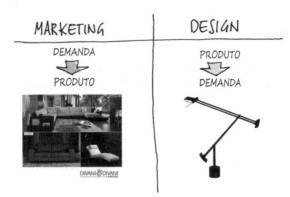

FIGURA 25

e a orientação dos potenciais compradores para que fosse transmitida como *input* para o designer não tinha lugar na Artemide, assim como em nenhuma outra empresa de design. Fazer design é um gesto acima de tudo cultural. É assim tanto para o designer como para o produtor; mas também o é para o distribuidor e para o comprador final, o chamado "consumidor" – termo horrível, que parece implicar uma condenação inexorável para o consumo. É lícito imaginar que um comprador nem sempre compre única e exclusivamente para "consumir", mas o faça talvez para saborear, experimentar, fruir, contemplar, exibir, doar. Por essas razões e outras ainda, gosto de imaginar que cada consumidor possa se transformar em um Hedonista Virtuoso, ou seja, um comprador capaz de escolhas pensadas, livres de condicionamentos e manipulações e sobretudo autônomo para se expressar. Porque projetar, produzir, vender e também comprar objetos de design pressupõe uma percepção comum do tempo e uma visão comum do espaço e, acima de tudo, o compartilhamento de um modelo comum de cultura e de vida, ainda que esteja clara a existência para todos – designer, produtores, distribuidores e consumidores, Hedonistas Virtuosos ou não – do momento no qual é necessário prestar contas à economia.

Nesse ponto, parece-me oportuno delimitar com maior clareza os limites dentro dos quais se desenvolvem essas reflexões, limites que são os que separam a cultura do que se costuma definir como cultura material. Usa-se o termo "cultura" para definir o conjunto dos conhecimentos literários, científicos, artísticos, históricos, sociais e políticos através dos quais o homem tende a realizar as suas disposições e atitudes naturais projetando o próprio itinerário individual e coletivo. Nesse sentido, a cultura do homem pode ser considerada sua segunda e mais verdadeira natureza, mais autêntica do que aquela originária, uma vez que mais humana. Com a expressão "cultura material", ao contrário, os estudiosos de antropologia e de sociologia fazem referência aos utensílios e objetos, roupas e móveis, artefatos urbanos e a tudo o que caracteriza e define o contexto no qual transcorre a vida cotidiana. Em outras palavras, a cultura material se diferencia da cultura em seu sentido tradicional por se limitar a acolher e definir o conjunto dos conhecimentos e das práticas relativas às necessidades e aos comportamentos materiais do homem.

Deve-se destacar que os produtos de bom design são portadores de uma espécie de ambiguidade virtuosa que lhes permite percorrer paralelamente um duplo percurso, vivendo duas vidas paralelas e distintas, uma econômica e outra cultural. Ao longo de seu itinerário, por assim dizer, econômico, o produto de design se comporta como qualquer outro produto industrial, vestido com as roupas de uma mercadoria qualquer. E é exatamente como produto-mercadoria que o produto do design, em busca de sua legitimação mercantil, entra no mercado e chega às lojas, onde é colocado à venda por um preço quase sempre fixado pelo produtor, algumas vezes pelos lojistas, raramente pelo mercado, segundo o equilíbrio regulador da demanda e oferta. O preço, independentemente de como seja determinado, exprime o valor quantitativo da peça, medido em certa quantidade de dinheiro. Esse percurso, quando bem comunicado e gerenciado, consegue influenciar com suas mensagens o comprador potencial, o consumidor, atingindo aquela racionalidade econômica sobre a qual ele avalia a conveniência oferecida por este ou aquele produto, em resposta às suas necessidades, sob a luz do preço, que define o seu valor "quantitativo". Como se sabe, para a maioria das pessoas que possuem um, a racionalidade reside preponderantemente no hemisfério esquerdo do cérebro. Mas o produto do bom design percorre também outro itinerário, enquanto partícipe da cultura material e ator e testemunha da vida cotidiana, de um lugar e de um tempo específicos. Nesse outro percurso, acontece que, sem deixar de ser mercadoria, ele se transforma simultaneamente em um produto-obra e, como tal, pode com frequência ter acesso aos espaços culturais – galerias de arte, museus –, e não apenas às lojas e aos espaços destinados à compra e venda. No museu, o produto é tratado não mais como uma mercadoria, e sim como uma obra, condição em que adquire uma "aura" que não pode ser expressa em termos numéricos e quantitativos, com um preço. É necessário que se busque referência em termos qualitativos, conceituais e de prestígio para outro valor, o valor cultural. Em sua vida paralela, a obra do design atinge sobretudo o entendedor, o colecionador e o esteta. Suas mensagens são endereçadas e recolhidas pelo hemisfério direito do cérebro, no qual parece que nascem e possuem moradia as emoções e os desejos (Figura 26).

Ainda que os progressos mais recentes no campo da neurociência pareçam redesenhar as funções das diversas partes do nosso cérebro de maneira muito mais sofisticada, fica o fato de que a percepção completa de ambas as mensagens, a racional e a emotiva, é um privilégio exclusivo daquele que consegue se transformar de consumidor em Hedonista Virtuoso. São eles os únicos capazes de recolher dos produtos de design tanto seu valor econômico como seu valor cultural, sem deixar se influenciar e manipular pelas numerosas persuasões, veladas ou reveladas, que atuam no mercado com o objetivo de condicioná-lo.

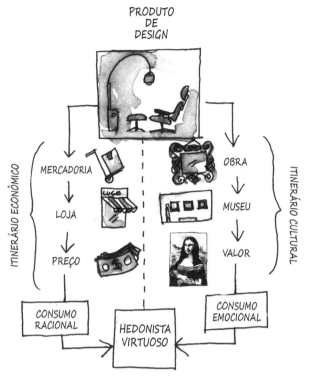

FIGURA 26

Ao olhar atento, não deveriam restar dúvidas sobre as profundas e inconciliáveis diferenças que colocam design e marketing em conflito. São distintos os objetivos e os instrumentos utilizados em seus processos. Todas as inúmeras atividades empresariais colocadas em prática pelo marketing almejam a conquista de um objetivo tão prosaico quanto concreto: o aumento das vendas e dos lucros, induzindo os potenciais compradores a comprar cada vez mais. O design, por sua vez, como escreve Eco no texto relatado na introdução deste *Breviário*, "funde beleza e utilidade e nos devolve uma máquina humanizada", induzindo as pessoas a estabelecer uma relação nova e mais amigável com os objetos produzidos industrialmente. E é por isso que o design pode ser considerado um "neo-humanismo da época industrial e pós-industrial". Introduzindo a cultura do projeto, o design desencadeou uma transformação profunda na produção industrial. Inaugurou um verdadeiro renascimento produtivo, ativando um movimento absolutamente necessário para evitar o risco de que o mundo, esquecendo-se dos valores intangíveis e duradouros da beleza, permanecesse vítima não só dos valores inegáveis e atrativos da técnica e da tecnologia como também de todos aqueles funcionalismos, exaltados e sedutores, próprios das quase sempre furtivas adulações interesseiras do marketing.

10. DAS NECESSIDADES AOS DESEJOS

O mercado de design, como outro mercado qualquer, é fortemente condicionado pelas iniciativas promocionais, cada vez mais sutis e sofisticadas, postas em prática pelas empresas produtoras e distribuidoras. Tal condicionamento tomou formas diversas ao longo do tempo (Figura 27).

FIGURA 27

Até o final dos anos 1980, tinha-se um mercado de necessidades, no qual prevalecia a demanda de produtos, de hardware. Era um mercado totalmente dominado pelos poderes derivados da aliança entre designer e produtor. Aos distribuidores e consumidores cabia um papel secundário, absolutamente subordinado às escolhas daqueles – designer e produtores – que controlavam a criatividade e a produção.

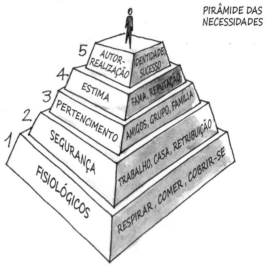

FIGURA 28

Em um mercado ainda regulado fundamentalmente pelas necessidades, as prioridades são divididas segundo a sucessão descrita por Abraham Maslow em sua famosa pirâmide (Figura 28). É necessário antes de tudo responder às demandas mais elementares, aquelas fisiológicas, para depois passar a responder às de segurança. Torna-se então necessário fornecer a cada um a possibilidade de definir o próprio senso de pertencimento, ou seja, aquele da estima, para atingir finalmente a última demanda representada pela autorrealização, cobiçada, de maneira consciente ou inconsciente, por todo indivíduo.

A partir de 1990, depois de uma longa crise de rejeição dos produtos de marca, que deu lugar à temporada dos produtos *no name*, o mercado se renova e surge um consumidor novo, maduro, aparentemente mais consciente das próprias exigências. Um consumidor que parece ter afinal deixado para trás todas as síndromes de carência pós-bélica e que se apresenta como se tivesse escalado inteiramente a pirâmide de Maslow. Esse novo consumidor (Figura 29), ainda que não vista as roupas do Hedonista Virtuoso, demonstra mais interesse em degustar do que em se nutrir, dedica extremo cuidado ao vestir-se, sem se limitar somente a se cobrir, ama viajar mais do que se deslocar, está em busca de *relax* e não quer contentar-se com um simples repouso.

NECESSIDADES	DESEJOS
NUTRIR-SE	SABOREAR
COBRIR-SE	VESTIR-SE
DESLOCAR-SE	VIAJAR
REPOUSAR	RELAXAR
...	...

FIGURA 29

Tendo encontrado resposta às suas necessidades, o novo consumidor se pôs à procura de um modo de satisfazer os próprios desejos. Suas exigências evoluíram e se multiplicaram; como consequência, não lhe bastam mais os produtos, ele busca serviços; ele não renuncia completamente a possuir coisas, mas está fascinado pelas novas vantagens oferecidas pela grande disponibilidade, uma vez que agora intui ser mais importante controlar o software que possuir o hardware. A partir do momento em que os desejos tomam o lugar das necessidades, o eixo da cadeia de abastecimento se desloca do binômio projetista-produtor para o de distribuidor-consumidor (Figura 30). A demanda de produtos é substituída pela demanda de serviços, a sedução de possuir abre espaço para o da disponibilidade e do controle das coisas.

FIGURA 30

Retomando uma metáfora já utilizada por mim há mais de vinte anos, o mercado dos produtos de design foi por décadas e décadas, até o final dos anos 1980, como um campo de *squash*[1] (Figura 31). Um campo no qual os dois únicos jogadores eram o designer e o produtor, enquanto o distribuidor fazia o prestativo papel de recolher as bolinhas e o consumidor era a parede, um participante passivo, ao qual era consentido apenas ricochetear a bolinha que lhe era arremessada, sempre com potência e angulações variáveis.

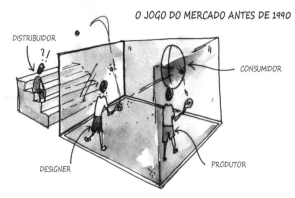

FIGURA 31

1. *O Hedonista Virtuoso*, p. 35-36.

O JOGO DO MERCADO DEPOIS DE 1990

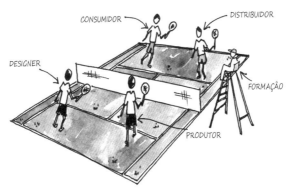

FIGURA 32

Ao final da crise dos primeiros anos da década de 1990, o mercado se recupera. O jogo muda (Figura 32). Esse novo jogo lembra agora uma partida de tênis, na qual se confrontam, de um lado, os dois velhos amigos campeões de *squash* – o designer e o produtor – e, do outro, os dois sujeitos excluídos – o distribuidor e o consumidor –, por fim admitidos a participar plenamente do jogo. Começa assim uma nova partida, regulamentada pelas regras de um jogo novo que, em consequência, determina um novo mercado. A evolução do mercado de design assiste à redução do papel do produto, que permanece o mais forte dos atores em campo, mas não é mais o dominador incontestável.

A EVOLUÇÃO DO MERCADO

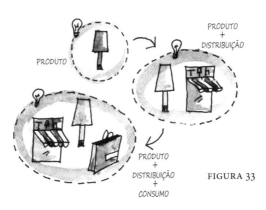

FIGURA 33

O papel do design se articula e se diferencia e, indo além da produção, dá início à venda dos próprios serviços também para a distribuição e para o consumo, ainda que lentamente se afirme uma nova distribuição capaz de contribuir para o desenvolvimento do Sistema Design com propostas inovadoras, que podem enriquecer com valores agregados às ofertas da produção. O mercado de design, que se iniciou com o mercado de produtos inovadores, se torna um mercado de produtos e negócios e lojas inovadores e, mais tarde, de produtos, lojas e consumidores inovadores. O consumidor se eleva e cresce graças a sua capacidade de orientar-se cada vez com mais referências sobre a cultura material, que o ensina a selecionar e escolher de maneira cada vez mais coerente e autônoma. Assistimos, desse modo, à passagem do faminto predador pós-bélico, primeiro, e pós-comunista, algumas décadas depois, para o consumidor entendido como súdito das grandes multinacionais, que mais tarde se desenvolve, transformando-se no "consumidor consciente", cujos primeiros casos foram identificados nos Estados Unidos e batizados pelo economista e sociólogo canadense naturalizado americano John Kenneth Galbraith.

Surge então uma nova tipologia de consumidor que poderíamos definir como hedonístico, orientado à busca e à maximização do prazer, que abre finalmente as portas para aquele que, em 1989, foi batizado como Hedonista Virtuoso, que quer identificar o indivíduo capaz de transformar o hedonismo em cultura de uso, em um sistema de regras, de conhecimento e de informações para saber o que buscar, como e onde encontrar. Nos costumes das pessoas, assim como no mundo do social e do político, as únicas transformações duradouras só poderiam vir de baixo, como testemunho do crescimento cultural de um povo. Analogamente, também no mercado, a única maneira de averiguar o projeto de dominação hegemônica do sistema produtivo-distribuidor guiado pelo alto capital reside na esperança de que as pessoas adquiram e mostrem a capacidade de se rebelar, recusando o redutivo papel de consumidores passivos.

Algo difícil, mas não impossível, é se, com o crescimento da cultura material e com sua difusão, seremos capazes de fazer crescer o número de Hedonistas Virtuosos, os únicos que podem resgatar as pessoas do papel grupal de consumidores, induzindo-as a reorganizar o mercado, transformando um mercado de súditos em um mercado de cidadãos. Tenho a firme convicção de que o mercado, com efeito, teria necessidade de uma sacudida revolucionária pacífica, um 1793 sem guilhotina, mas com a capacidade de derrubar a situação, de contrapor-se ao atual estado de estagnação das coisas. Esse estado de coisas que, ao cinicamente colocar em risco o equilíbrio do planeta, assiste a poucas multinacionais manipularem as políticas nacionais por meio do capital com o objetivo de controlar a produção, orientando-a na direção daqueles gostos que, decidiu-se, são os prioritários nos mercados internacionais, de modo a abrigar uma quantidade crescente de consumidores ignorantes e, portanto, indulgentes e obedientes, convictos de poder "escolher livremente" (*sic!*).

Deve-se fazer referência, uma vez mais, ao grande e merecido sucesso da Ikea, que se afirma como um gigante da distribuição dos produtos de design e, ainda mais, como uma empresa portadora de inovações em diversos níveis, e não apenas naquele do produto. Há muitos anos que a Ikea, devemos lembrar, não é uma empresa de produção, e sim de distribuição, que manda produzir em todo o mundo porque não possui fábrica, e que se tornou a empresa de maior dimensão mundial no mercado de mobília de design. E esse resultado foi obtido não tanto vendendo produtos, mas, acima de tudo, vendendo um produto único, um produto-serviço chamado Ikea. O sucesso da Ikea alicerça-se sobre três dados fundamentais, todos os três inovadores: o produto é inovador, caracterizado por uma atenção obsessiva

107

no desenvolvimento de um design orientado a produzir objetos *knock down*, desmontáveis, com os quais se pode reduzir o espaço e, portanto, os custos de estocagem e transporte; a ideia de oferecer entrega imediata de tudo o que está exposto e que se oferece ao comprador é também inovadora, contrastando com o que por vezes acontece no mercado tradicional, em que é necessário esperar a entrega por muitas semanas e até por meses; e, por fim, o preço também é inovador porque é sempre surpreendentemente conveniente.

Se uma crítica pode ser feita a esse modelo, é a que diz respeito à oferta de uma qualidade baixa demais em seus produtos, provavelmente explicável pelo desejo de garantir a conveniência dos preços. Esse fato, no entanto, contrasta com uma parte de seus clientes que, cada vez mais numerosos, ainda que apreciando o nível do design e a fórmula de pronta entrega, estariam dispostos a pagar um pouco a mais em troca de uma qualidade estrutural mais elevada dos produtos, para uma garantia de maior durabilidade.

11. A PARÁBOLA DO CAFÉ

O desenvolvimento econômico não é sempre linear e não raro acontece em saltos, com transformações que frequentemente não implicam uma evolução efetiva. Quando olhamos para o futuro na tentativa de prevê-lo, com certeza é útil ter um bom conhecimento do passado.

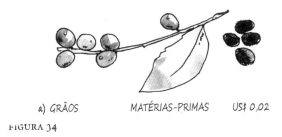

a) GRÃOS   MATÉRIAS-PRIMAS   US$ 0,02

FIGURA 34

Em um livro que apareceu alguns anos atrás, dois economistas americanos, para explicar melhor sua tese peculiar sobre a história do passado e o desenvolvimento futuro do mercado, utilizaram uma espécie de parábola divertida e eficaz focalizada sobre uma xícara de café[2].

A parábola especula que, como primeira instância, pode-se pensar em fazer um café indo até uma plantação em uma fazenda para comprá-lo como "matéria-prima", quer dizer, adquirindo tantos grãos quantos são necessários para preparar uma xícara de café. O custo será inferior a dois centésimos de dólar americano, mas, para preparar efetivamente o café, é preciso, antes, ter o trabalho de tostar os grãos e depois moê-los, para fazer o pó. Era o que acontecia antigamente, e ainda acontece, nos lugares nos quais as únicas mercadorias colocadas à venda são exatamente aquelas que se definem como matérias-primas (Figura 34).

a) GRÃOS   MATÉRIAS-PRIMAS   US$ 0,02
b) EMBALAGEM   BENS   US$ 0,20

FIGURA 35

Entretanto, se nos encontramos em um lugar um pouco mais evoluído, no qual o mercado de matérias-primas já tenha sido contraposto ao mercado de bens, ou de produtos acabados obtidos pela transformação dessas mesmas matérias-primas pela utilização de mão de obra, teremos então uma segunda possibilidade. Podemos comprar o café já torrado e moído, talvez colocado em uma embalagem, para prepararmos nossa xícara de café em casa, utilizando um coador ou uma cafeteira. O custo, nesse

2. B. Joseph Pine; J. Gilmore, *L'economia delle experienze.*

caso, será de cerca de vinte centavos de dólar americano. Com esse gesto de aquisição, afirmamos o acesso ao "mercado de bens", um mercado certamente mais evoluído que o "mercado das matérias-primas" (Figura 35).

Mas, para aqueles mais preguiçosos, ou que tiveram sua cafeteira quebrada, existe uma terceira possibilidade, a de tomar seu café em um bar na esquina.

a) GRÃOS   MATÉRIAS-PRIMAS   US$ 0,02
b) EMBALAGEM   BENS   US$ 0,20
c) BAR   SERVIÇOS   US$ 0,80

FIGURA 36

Agindo assim, ele acederia ao mercado de serviços que, por um valor correspondente em média a um dólar americano, lhe oferece o café e, em acréscimo, o uso do pires, da xícara, da colher e do consumo de açúcar, podendo ainda, se for do gosto, adicionar uma gotinha de leite, tudo isso acrescido de alguma notícia recente sobre política ou esporte, ou quem sabe da última fofoca sobre a evolução do "caso da moradora do segundo andar com o rapaz da padaria". Até esse ponto, as coisas são muito claras, enquanto circulam no âmbito de nossa experiência de consumidor, que se move entre as diversas situações do mercado e é capaz de reconhecer as diferenças entre os mercados de matérias-primas, o mercado de produtos acabados e o mercado de serviços.

a) GRÃOS	MATÉRIAS-PRIMAS	US$ 0,02
b) EMBALAGEM	BENS	US$ 0,20
c) BAR	SERVIÇOS	US$ 0,80
d) RESTAURANTE	EXPERIÊNCIA	US$ 6

FIGURA 37

Porém, em outra situação, se pedirmos nosso café ao final de um jantar, em um restaurante luxuoso, citado pelos melhores guias gastronômicos, veremos o garçom nos apresentar um menu de cafés, assim como fizera antes com a carta de vinhos. Para não desapontar as expectativas de nossa bela companhia, somos constrangidos a fingir um grande conhecimento sobre os diversos tipos de café, repetindo a pantomima encenada quando recebemos a carta de vinhos e simulamos um profundo conhecimento enológico, enquanto, na verdade, olhamos furtivamente para os preços. Depois de uma reflexão meditativa, decidimos escolher um café ao acaso para descobrir ao final que esse sofisticado teatrinho do café e a encenação de sua elaborada liturgia de escolha têm um preço, que se situa por volta de seis dólares.

Sem nos darmos conta, fomos introduzidos no mercado das experiências, um novo mercado no qual as empresas organizam eventos com o objetivo de envolver majoritariamente a própria clientela potencial, para além do simples ato da venda (Figura 37).

Com a última xícara de café, cumprimos um passo adicional, aquele que nos leva a evocar a última metamorfose da futura evolução do mercado e da oferta: o percurso quase místico sobre o caminho das transformações. Imaginemos que estamos em Veneza, em uma tarde quente de verão, sentados à mesa do célebre Café Florian, enquanto os reflexos do sol dão cor aos mármores que recobrem a fachada do Palácio do Doge, na praça de São Marcos, de um rosa cada vez mais profundo, e os violinos de uma pequena orquestra acompanham uma voz que canta uma romântica serenata. Nesse contexto mágico e inesquecível, decidimos pedir um café e descobrimos que, pelo preço módico de quinze dólares, tivemos o que se poderia classificar de uma experiência inesquecível, uma experiência irreversível, capaz de produzir uma verdadeira transformação (Figura 38).

a) GRÃOS	MATÉRIAS-PRIMAS	US$ 0,02
b) EMBALAGEM	BENS	US$ 0,20
c) BAR	SERVIÇOS	US$ 0,80
d) RESTAURANTE	EXPERIÊNCIA	US$ 6
e) FLORIAN, VENEZA	TRANSFORMAÇÕES	US$ 15

FIGURA 38

Um café depois do outro, fomos passando do mercado das matérias-primas – que são substituíveis – para o mercado de bens – que são tangíveis –, depois para aquele dos serviços – que são intangíveis –, para chegar ao mercado da experiência – que é memorável – e, por fim, para aquele reluzente das transformações – que são irreversíveis. Mas, para aprofundar os significados e as mensagens que se escondem detrás da metáfora do café, e para esclarecer as possíveis implicações para a gestão da empresa que pretende construir seu futuro, refaçamos agora esse percurso destinando uma atenção particular às relações que a empresa mantém com aqueles que trabalham em seu interior e com os clientes, em seu exterior.

É necessário primeiramente reconhecer que matérias-primas, bens e serviços não são suficientes para responder às novas demandas de um mercado que exige um envolvimento maior, seja dos funcionários, seja da clientela. Um envolvimento que permita a qualquer um vivenciar experiências que possam, sobretudo se bem direcionadas, provocar transformações. E as transformações representam uma oferta econômica não só pouco conhecida como diferente. Tão diferente das experiências quanto as experiências são dos serviços, e os serviços dos bens, e estes das matérias-primas. Trata-se de realizar uma modificação profunda no tradicional mecanismo de oferta, uma mudança que visa projetar não apenas a oferta como, principalmente, a demanda.

FIGURA 39

Como em um filme, estamos assistindo à passagem daquilo que por séculos foi o mercado de materiais – que são naturais – para aquilo que conhecemos como mercado de bens – que são padronizados – e depois ao mercado atualmente predominante, que é o de serviços – que são personalizados –, para alcançar o mercado das experiências – que são intrinsecamente pessoais –, na expectativa de chegar a um mercado futuro das transformações – que são individuais e irreversíveis (Figura 39). Os produtos de design se caracterizam, entre outras coisas, pelo fato de o crescimento de seu mercado específico representar ao mesmo tempo um crescimento econômico e cultural. Temos aqui então a evolução do mercado de design com ligeiras modificações das indicações elaboradas por Pine e Gilmore e utilizando a *ziggurat* maslowiana para representar os valores econômicos à esquerda e os valores culturais à direita.

O mercado das matérias-primas ocupa obviamente o nível mais baixo do valor econômico, um mercado que oferece desde sempre a mesma mercadoria, frutos de uma produção natural, mercadorias que requerem unicamente serem recolhidas e levadas ao mercado exatamente como são. Uma vez que é o mais primitivo dos mercados, que gera o mais primitivo dos valores econômicos, corresponde, como instrumento de comunicação, a um rumor, como o tam-tam de um tambor ou um sinal de fumaça, mensagens que avisam que existirá um mercado.

No degrau imediatamente superior, encontramos os bens, artefatos diversos e com frequência mutáveis, fruto da combinação de matérias-primas e mão de obra que, ao se tornarem mercadorias, encenam um mercado mais evoluído. Um mercado que, no plano cultural, requer que se coloquem em circulação informações relativas aos produtos que os descrevam no tocante a preço, peso, dimensões, composição, acabamentos, cores, e todas as informações essenciais para serem identificados e, assim, comparados e eventualmente comprados.

No degrau sucessivo, ao lado do valor econômico, encontramos os serviços, que introduzem uma economia na qual os valores econômicos são determinados pela troca de produtos também imateriais. Os serviços, de fato, são produtos imateriais, frutos de diferentes mesclas entre bens e trabalho humano, um trabalho mais da mente do que do braço. Tomemos, por exemplo, a energia elétrica. Trata-se de um dos serviços mais difundidos no mundo, cujo valor econômico se produz utilizando matéria-prima (água, sol, vento etc.) e produtos (turbinas, tubulações, placas fotovoltaicas, motores). O valor cultural correspondente é aquele da formação, um degrau acima ao da informação e um pouco abaixo em relação ao conhecimento. Sem um mínimo de formação, o acesso aos serviços é impossível ou problemático, porque simples informações não são mais suficientes. Em uma sociedade na qual os serviços de cada tipo são muitos difundidos, não apenas o nível econômico é certamente mais alto, como também o nível cultural é provavelmente mais elevado em respeito àquele de uma sociedade estagnada na economia de bens ou até de matérias-primas.

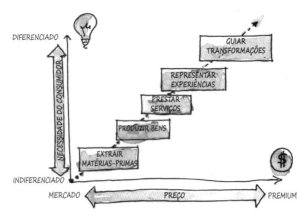

FIGURA 40

Subindo outro degrau, não apenas deixamos abaixo de nós o passado, como abandonamos, pelo menos parcialmente, o presente para começar a adentrar o futuro, naquilo que ainda não é, ou que apenas começa a se manifestar, do que ainda não é sabido, do desconhecido. Entramos em um mundo econômico em que o sucesso dependerá da capacidade das empresas de levar ao mercado os valores determinados pela experiência, e não mais aqueles determinados pelos serviços, pelos bens ou pela matéria-prima.

Escrevem Pine e Gilmore: "Seja em se tratando de vender a consumidores ou a outras companhias, as empresas devem reconhecer que os bens e os serviços já não são mais suficientes: os clientes querem experiências."[3] "Acumularão lucros muito maiores as empresas que tiverem a sabedoria de mover-se além dos bens e serviços na direção da utilização das experiências, não importando quão doloroso seja o processo de transformar seus clientes."[4] As experiências, logo, representarão o valor econômico condutor. Elas devem ser entendidas como verdadeiras representações que a empresa deve aprender a colocar em cena para dialogar com os clientes, jogando com seu conhecimento, tanto o adquirido como o desejado. Podemos imaginar experiências de entretenimento, que poderão modificar a nossa visão de mundo; experiências educativas, que poderão nos induzir a refletir sobre uma maneira melhor de integração com o mundo; experiências de evasão, que poderão elevar a nossa capacidade individual; experiências estéticas, que poderão inspirar o senso de encantamento que sempre acompanha a descoberta e a apreciação dos valores da beleza. Em se tratando de valores culturais, o que corresponde diretamente à experiência é aquele do conhecimento. As duas palavras são evidentemente unidas por uma inter-relação sinérgica em virtude da qual não pode existir conhecimento sem um prévio acúmulo de experiência, e a experiência não acontece na ausência de um conhecimento pré-existente.

Quando a experiência se torna durável, ela provoca uma transformação com a qual atingimos o último e o mais alto degrau na escala de valores econômicos, no qual

3. Ibidem, p. 203.
4. Ibidem, p. 232.

se encontra a sabedoria, como nível máximo na escala dos valores culturais. Na emergente economia das transformações, o consumidor é o produto e a transformação é o instrumento para conseguir modificar os comportamentos individuais. As transformações devem ser guiadas e a coisa mais importante para o seu bom êxito é a relação única que se deve instaurar entre o guiado e o seu guia. Eis por que as empresas que pretendem gerar transformações em seus clientes devem, antes de mais nada, transformar os seus funcionários em pessoas que não apenas possuam aquele trabalho que desenvolvem, mas sejam por esse trabalho enriquecidos, e não apenas economicamente, mas também culturalmente, profissionalmente e humanamente. Em resumo, vale a pena sublinhar que as Matérias-Primas se extraem, os Bens se produzem, os Serviços se prestam, as Experiências se representam e as Transformações se guiam. Obviamente essa sequência evolutiva de mudanças não se refere unicamente à maneira de produzir riqueza. Para tal mudança da paisagem produtiva, existem em contrapartida alterações correspondentes na paisagem distribuidora. E de fato, o mercado – local de encontro e de troca – se enriquece continuamente dos novos e sempre diversos lugares propostos para a celebração dos ritos profanos da atividade comercial. Uma atividade em transformação perene, que se apresenta cada vez mais mediadora e cada vez mais sofisticada, como se quisesse velar-se, envergonhando-se, do pecado original do ato de compra e venda. Pecado original que remete exatamente ao pecaminoso comércio entre Adão e Eva, como contado no livro do *Gênesis* (Figura 41).

Como consequência da troca da maçã, nasceu o mercado. Infelizmente, como todos sabemos, essa abertura aos prazeres da troca custou a nossos heróis o fechamento das portas do paraíso e a consequente condenação ao trabalho. Nascia assim, imediatamente após a ideia de mercado, aquela também de trabalho; a princípio vista como uma condenação divina para depois se tornar uma conquista

FIGURA 41. *Lucas Cranach, o Velho, Adão e Eva* (1526).

social e um direito adquirido de todos os homens. Está claro que ambas as ideias, a de mercado e a de trabalho, remetem ao assim chamado pecado original e a suas consequências primevas. Podemos averiguar que, com esse simples ato de troca de uma maçã, os nossos longínquos antepassados abriram as portas para a atividade comercial, sugerindo, simultaneamente, o nascimento de uma "economia da dádiva", muito anterior à "economia da permuta" ou à contemporânea "economia monetária". Aquela mítica economia teorizada por Marcel Mauss com seu magnífico ensaio no qual aventa a possibilidade da existência de uma arcaica "economia da dádiva"[5].

Como sabemos, o direito ao trabalho passa hoje por contínuas e preocupantes vicissitudes devido à crescente redução da oferta de trabalho, a tal ponto de fazer refletir se a atual condenação humana ao desemprego não seja muito mais dramática que aquela divina ao trabalho. Em contrapartida, o mercado continua crescendo, transformando-se e progredindo. No início, era quase que exclusividade um mercado de Matérias-Primas, sobretudo produtos agrícolas, que eram oferecidos com formas de apresentação que ainda hoje encontramos nos *suk* africanos e do Oriente Médio: uma espécie de empório comercial onde se pode encontrar de tudo um pouco, incluindo alguns poucos artefatos, resultados de incipientes atividades artesanais. Trata-se de um tipo de produção que irá gradualmente se desenvolver, sobretudo nos centros urbanos, onde frequentemente se agrupam nas ruas ou nos bairros – sapateiros, fabricantes de luvas, relojoeiros, ourives, ferreiros, seleiros –, deixando traços ainda hoje evidentes na toponomástica de muitas cidades de todo o mundo.

Com o advento da Revolução Industrial, a enchente de Bens que inunda os mercados favorece o nascimento das lojas especializadas, capazes de dar espaço e evidência a uma inumerável gama de novos produtos. Contemporaneamente, surgem as *department stores*, templos da Grande Distribuição Organizada (GDO), que ocupam edifícios inteiros localizados no coração dos grandes centros urbanos, suficientemente espaçosos para permitir a exposição e a venda de diferentes tipos de mercadoria.

5. M. Mauss, *Saggio sul dono.*

A partir do último pós-guerra, a explosão dos Serviços determinou a proliferação de novos estabelecimentos comerciais. Recordo que, ao me mudar para Milão em 1962, existia apenas uma agência de viagem perto da praça do Duomo e que, no subsolo da praça, ao lado, se encontrava o Cobianchi, uma espécie de antecessor rudimentar dos *spas*. Hoje existem centenas de agências de viagem em Milão e numerosíssimos *spas*. Mais recentemente, apareceram outros estabelecimentos comerciais antes inexistentes, como as lojas de telefonia, as de computador e outras ainda. Há alguns anos começaram a surgir as primeiras iniciativas de estabelecimentos comerciais introduzindo a nova economia das experiências. Trata-se de locais direcionados a uma nova clientela, economicamente e culturalmente evoluída, aberta à inovação e desejosa de ir além, uma clientela portadora de uma nova demanda, e que não se apega apenas a produtos e serviços. Uma clientela sensível a representações de experiências construídas mediante a combinação criativa de matérias-primas, bens e serviços. Experiências que se podem adquirir, mas caracterizada pelo fato de serem intrinsecamente pessoais. Eis, portanto, em correspondência ao nascimento dessa nova oferta, o nascimento de lugares de hibridações comerciais nas quais Matérias-Primas, Produtos industriais e artesanais e Serviços são reunidos e arranjados criativamente para permitir a oferta de uma oportunidade "experiencial". Locais onde o visitante pode ter acesso à compra de produtos como decoração, livros, roupas e alimentos, mas onde podem também desfrutar de serviços de bar, restaurante, cuidados com o corpo, viagens, banco e telefonia. Locais onde se pode ir até ao cinema, ao teatro ou assistir a uma conferência. Locais que começam a identificar um novo mercado.

Mas da mesma maneira que o cinema não matou o teatro, nem a televisão o cinema, nem a internet a televisão, a contínua evolução e as contínuas transformações do mercado não impedem a convivência do velho com o novo, convivência muito salutar, ainda que aparentemente anacrônica. O mundo é suficientemente grande e diverso, e por sorte parece ser capaz de desenvolver os anticorpos necessários para combater a aparentemente inexorável deriva em direção à nebulosa homologação preconizada pelos Grandes Projetistas do famigerado Mercado Global. Seja como for, deixa um fio de esperança a constatação que ainda hoje, ao redor do mundo, se possa ainda encontrar *suk* e empórios, mas também negócios especializados, Grandes Lojas, *department stores*, e GDO de diversos tipos. Convivem atualmente no mercado lojas antigas e novas, lojas que lidam com bens materiais e outras que lidam com bens imateriais. Enquanto simultaneamente surgem aquelas nas quais se poderão adquirir experiências e até transformações, que significam experiências indeléveis.

Se é verdade que historiadores, políticos, economistas e homens de ciência se equivocam quase sempre, enquanto ao contrário os grandes poetas se equivocam quase nunca, chegará o dia em que prevalecerá o mercado dos sonhos, dando finalmente razão a Pedro Calderón de la Barca, em *A Vida É Sonho*, e a Eduardo de Filippo, em *Le voci di dentro*, e a tantos outros que desde sempre, ainda que inutilmente, têm alertado sobre a tênue fronteira que separa a vigília e o sono, a realidade e a ficção, o verdadeiro e o falso, o passado e o futuro, o consciente e o inconsciente.

12. O DESIGN DO LUXO/O LUXO DO DESIGN

Durante séculos, o luxo foi identificado principalmente com a posse e a ostentação de objetos raros e, portanto, preciosos, resultado do talento e da mestria manufatureira de hábeis artesãos, e disponibilizados graças à sensibilidade de argutos comerciantes. Foi somente há algumas décadas, com a aparição do design na cena da produção de bens, que progressivamente se firmou uma convergência nova entre o luxo e a indústria. A razão desse encontro reside no fato de que os valores matéricos tradicionais e tangíveis, ligados fundamentalmente à raridade e à preciosidade dos materiais utilizados, aos poucos deram espaço para os novos valores imateriais e culturais expressos pelo aparecimento do design industrial. A cultura do projeto, aplicada à fabricação industrial também de produtos de luxo, provocou a transformação e a diferenciação, engendrando a mudança da própria noção de luxo. Para as novas elites, a prática do luxo foi se renovando, se conjugando ao

123

poder derivado do controle tradicional de riquezas, aquele ligado ao controle das mais novas manifestações da cultura material. Para essa minoria mais evoluída, o prazer tradicional relacionado à posse e à exibição de artefatos e mercadorias preciosas é reestruturado na direção da busca de novos prazeres substitutos, decorrentes do desfrute de outros valores, caracterizados por uma qualidade comum: a imaterialidade. E assim se foi criando uma nova aristocracia.

O grupo heterogêneo dos novos e dos velhos ricos, constituído por quem continua a pensar que o luxo consiste na posse de objetos tridimensionais, se dividiu em dois, distinguíveis não pelas diferenças do nível de bem-estar econômico, mas pelos níveis de saber e pela adesão aos novos valores culturais. De um lado, encontramos aqueles que poderíamos definir como progressistas, fascinados por objetos inovadores considerados luxuosos por seu valor conceitual e pelo seu design, independentemente da riqueza dos materiais com que são feitos. Do outro, temos os tradicionalistas, que defendem um luxo feito por objetos que definem sua suposta suntuosidade a partir da riqueza dos materiais empregados e pela reiteração dos antigos valores tradicionais. O novo luxo deve exprimir bom gosto e não apenas opulência, porque, se queremos crer na tese idealista de que o belo está na mente daquele que olha, então o bom gosto reside no conhecimento, melhor dizendo, naquele saber que se adquire possuindo mente e olhos educados para a qualidade do bom design. Mente e olhos educados para reconhecer a presença e a originalidade dos valores imateriais que caracterizam a produção dos objetos fabricados segundo os cânones que regulam, por definição, a chamada cultura do projeto, aquela cultura material que atrai continuamente uma nova seiva para os produtos de design.

Os produtos de luxo foram, por séculos, quase sempre um apanágio do trabalho dos melhores artesãos e dos artistas mais renomados. Somente há algumas décadas, em virtude da aparição de design na cena da produção, se registrou uma nova convergência entre o caminho do luxo e o da indústria. Essa convergência não deixou de produzir êxitos, ainda que inesperados, mas cada vez mais evidentes, a partir do momento em que o produto de luxo começou a subordinar seus valores matéricos tradicionais e tangíveis, relacionados fundamentalmente à raridade e à preciosidade dos materiais utilizados, aos novos valores imateriais e culturais expressos pelo design. Para os apaixonados por classificações, podemos especular a existência de três níveis distintos de luxo, o aristocrático, o democrático e o popular:

- O luxo aristocrático, que se manifesta, sobretudo, pela busca e pelo desfrute dos privilégios absolutamente imateriais: o espaço, o silêncio, a segurança, a tranquilidade e outros valores intangíveis similares.

- O luxo democrático, que se caracteriza pela tendência a dar importância cada vez maior aos valores imateriais dos produtos, os valores presentes naquela produção que se inspira na cultura do design.

- O luxo popular, por fim, fundamentalmente agarrado a uma preferência pelos valores tangíveis representados pela riqueza dos materiais com os quais é feito o produto: metais, pedras raras, madeiras e tecidos preciosos.

É verdade que, no universo do luxo, coabitam paixões aristocráticas e paixões democráticas, tradições e inovações, o longo tempo do mito e aquele breve da moda, de tal maneira que há quem creia ser possível afirmar a possibilidade de um "direito ao luxo". Um direito que implica a superação da relação que ainda mantemos, hoje, com as mercadorias, uma relação que continua demasiadamente influenciada pela mentalidade daquela economia das necessidades que, pelo menos nos países do Ocidente

125

desenvolvido, foi há muito tempo substituída pela economia dos desejos. Depois de muitos milênios seguidos de escassez, graças à Revolução Industrial, em pouco mais de dois séculos de possibilidades crescentes de satisfazer necessidades, quem sabe não esteja surgindo, graças também ao design, uma nova sociedade que, reconhecendo o direito ao luxo para todos, permita o acesso às novas categorias de bens, serviços, experiências e transformações capazes de oferecer prazer ao responder aos desejos, e não apenas às necessidades. Para aqueles que souberem instrumentalizar-se de uma cultura material adequada, as portas de uma nova realidade se abrirão, um novo mundo no qual todos os consumidores se desenvolvam para se transformar em Hedonistas Virtuosos. Somente com o advento dessa transformação os produtos de design deixarão de ser um luxo cultural, quer dizer, produtos destinados exclusivamente àqueles que dispõem do conhecimento que podemos considerar o verdadeiro luxo, o luxo cultural. Contudo, mesmo os Hedonistas Virtuosos terão que levar em conta o mercado e suas orientações, sempre muito mais atentas aos valores econômicos do que aos culturais.

O velho luxo baseado na posse de mercadorias raras, já não é mais tão luxuoso assim. Todas as mercadorias que constituem o catálogo dos desejos de ontem aparecem cada vez mais anacrônicas, fatalmente destinadas a terminar em um catálogo *kitsch*, onde se acumulam os produtos de mau gosto. O novo luxo, por sua vez, não se assemelha em nada com aquilo que o luxo tem sido por centenas de anos, e muito menos poderá ser confundido com a ideia de luxo que ainda hoje a maior parte das pessoas tem em mente. O novo luxo não será mais representado por relógios de ouro e platina, por carros supervelozes, por iates, por champanhe e vinhos *Grand Cru*, por restaurantes de três estrelas e pulôveres de caxemira, por férias nas ilhas Maldivas, arduamente alcançadas em voos repletos, em que se é constantemente surpreendido em aeroportos abarrotados de passageiros, entre atrasos enervantes e esperas intermináveis. Muitos dos luxos antes reservados a poucos se tornaram bens de consumo portáteis, se não para todos, certamente para um número muito extenso e sempre crescente de pessoas.

Domenico De Masi escreve: "Mas em que consistirá o luxo na sociedade pós-industrial? Vive de modo luxuoso aquele que possui bens que se tornam escassos: o que escasseará em um futuro próximo?" [...] "Segundo Enzensberg", continua De Masi, "serão escassas seis coisas: o tempo, a autonomia, o espaço, a tranquilidade, o silêncio, o ambiente ecologicamente saudável[6]. A esses bens, cada vez mais luxuosos, porque cada vez mais raros, adicionaria, por minha conta, a convivência e a beleza"[7].

O luxo futuro, portanto, se caracterizará pelo predomínio absoluto dos elementos intangíveis, fornecedores de benefícios cada vez mais imateriais. Viverão no luxo principalmente aqueles que, possuindo tempo, poderão usufruir melhor dele, da maneira que lhes aprouver, resolvendo assim o disseminado paradoxo atual que faz precisar litigar com a própria falta de tempo, sobretudo quem, mesmo dispondo de dinheiro e poder, deveria majoritariamente desfrutá-lo. Mas a recuperação do valor do tempo, a possibilidade de finalmente dedicar mais atenção às coisas e às pessoas que a merecem, presume uma autonomia tão preciosa quanto difícil de conquistar. A reconquista do espaço como valor fundamental servirá como ressarcimento pela necessidade de viver em cidades populosas e, nos retirando do meio da multidão enlouquecida, auxiliará a refletir sobre o fato de que a sanção carcerária aplica como condenação a privação da liberdade, a qual se inicia e se cumpre notadamente pela drástica redução dos espaços disponíveis, tanto privados como coletivos. A conquista do silêncio expressa, por sua

6. H.M. Enzensberger, *Zig Zag*.
7. D. De Masi, *Ozio creativo*.

vez, um desejo constante e antigo na história do homem, um desejo que o empurra incessantemente à busca pela paz de espírito, atingível somente na tranquilidade interna e externa de cada indivíduo. E esta segunda, somente desfrutável, somente no silêncio, longe dos rumores do cotidiano frenético. Beber água pura, respirar ar limpo, ingerir comida saudável, são coisas possíveis uma vez que se viva em um ambiente afastado das deteriorações a que a espoliação para fins exclusivamente econômicos tem submetido de maneira contínua e crescente cada canto de nosso planeta. Para concluir, parece evidente o valor da convivência por sua capacidade de garantir uma comunicação interpessoal feliz, assim como o da beleza, grande antídoto para a dor e metáfora primeira do prazer.

Basicamente, alterados os parâmetros da riqueza, alteram-se também os parâmetros do luxo que, ademais, ontem e hoje, continua a basear-se naquilo que é escasso, que se define como mais precioso, visto ser mais raro. Todos aqueles que se ocupam da evolução do luxo concordam em decretar o fim do luxo como ostentação, desfrutável como prazer derivado da posse e exibição de mercadorias raras e preciosas. Entretanto, esse tipo de luxo, que conseguiu uma sobrevivência tão longa e que perdura na confusão dos menos informados e na ignorância dos menos reflexivos, era e permanece destinado a conduzir a um beco sem saída aqueles que o perseguiam e ainda o perseguem. Normalmente, os desejos das pessoas se orientam na direção das coisas que elas não possuem e que, por isso mesmo, desejam. Portanto, quando se adquire uma coisa, fatalmente se deixa de desejá-la. Mas o prazer, como se sabe, não é consequência tanto da posse das coisas, e sim daquele átimo fugaz de sua conquista, vivido no momento da aquisição, quando o apagamento do desejo de posse garante um prazer, mesmo que efêmero. Surge então o paradoxo, pelo qual aquele que tudo possui parece estar mais distante do prazer porque, tendo exaurido todos os desejos, não pode esperar qualquer outro. O fato é que a felicidade não reside na posse de coisas desejadas, mas primordialmente nos momentos de prazer intenso que se experimenta cada vez que se consegue apagar o desejo mediante a conquista da coisa desejada, adquirir sua propriedade e tomar posse dela.

O novo luxo parece oferecer uma solução, uma vez que é difícil imaginar a possibilidade de possuir o tempo, ou a segurança ou o silêncio, assim como se possuem joias, casacos de pele, automóveis ou iates. No entanto, se por um lado era possível acumular e entesourar o velho luxo, o qual, graças a sua materialidade tridimensional, poderia ser embalado e salvaguardado em cofres, não é possível fazer o mesmo com o novo luxo, pois a posse de valores imateriais, e, portanto, intangíveis, comporta outras modalidades de conservação e de proteção. O novo luxo mostra-se livre de qualquer parâmetro estabelecido pelos valores estáveis e objetivos, apresentando-se muito mais vinculado a critérios de valores variáveis, enquanto expressos de maneira subjetiva. Viver o novo luxo revela um problema cultural refinado, que pressupõe que se saiba conferir sentido às coisas que já se possui, ou que se saiba selecionar aquelas capazes de estimular novos desejos. Nesse sentido, o design pode ser olhado como um luxo cultural, porque estirar-se sobre uma *lounge chair* de Charles Eames para ler, sob a luz de uma luminária Arco, sem saber quem sejam Charles Eames ou os irmãos Castiglioni, não diminui o prazer funcional derivado da comodidade do sentar-se e da boa qualidade da luz, embora reduza certamente o prazer intelectual (Figura 42). Não saber a história dos objetos, o desconhecimento de seu *software*, diminui aquela espécie de valor agregado que constitui sua "aura" de obra de arte produzida na era de sua reprodutibilidade técnica.

As obras de arte, como sabemos, são definidas como tais também devido a sua inutilidade funcional. Uma obra de design, por outro lado, vive uma existência dupla: não apenas a funcional, mas também a estética. Sobre as

129

cadeiras que circundam a mesa de jantar, uma pessoa se senta por no máximo quatro das 24 horas do dia; elas, portanto, possuem uma breve vida funcional, conjugada com uma vida estética muito mais longa, como objetos a serem contemplados. Analogamente, a luminária que é colocada em nossa escrivaninha desempenha a sua função de iluminar, quando não há luz natural suficiente, mais ou menos de seis a oito horas, das 24 do dia; na maior parte de sua vida, a luminária não é avaliada pela qualidade da luz que irradia, mas, sobretudo, pela contribuição, positiva ou negativa, que agrega à definição estética do mobiliário do ambiente.

FIGURA 42

O encontro do design com o luxo impõe, em minha opinião, o comprometimento de todos os atores do sistema – criadores, produtores, distribuidores e comunicadores – com o objetivo de fazer crescer o conhecimento e a competência do comprador final. É necessário um investimento para formar, e não apenas informar, o consumidor, para ajudá-lo a entender como e por que o novo luxo pode expressar o bom gosto e não apenas a opulência. Para incutir em sua cabeça que, se é verdade que "o belo está na mente daquele que olha", o bom gosto mora exatamente no conhecimento que a cabeça abriga. Em outras palavras, o bom gosto reside naquele saber que permite ter mente e olhos educados capazes de compreender os novos valores, como os veiculados pelos produtos de design. É necessário que os consumidores sejam educados a olhar para o mercado com olhos capazes de reconhecer a presença e a originalidade dos valores imateriais que caracterizam a produção dos objetos fabricados segundo os cânones que regulam a chamada cultura do projeto e que, portanto, enriquecem a nossa cultura material.

13. O TRABALHO, A TERRA E O DINHEIRO

Resgatado os valores do luxo do ponto de vista estético e ético, buscaremos esclarecer e afirmar sua importância econômica. O luxo desempenha uma função importante e positiva de tração para a economia graças à enorme acumulação de dinheiro resultante de sua produção e de seu comércio[1]. Foi esse dinheiro que permitiu ao Ocidente financiar a pesquisa e dar um impulso ao desenvolvimento de uma nova economia fundada sobre a inovação industrial com a consequente dilatação do mercado e do consumo. Sem as poderosas disponibilidades financeiras acumuladas em decorrência dos lucros excepcionais viabilizados pelo incrivelmente lucrativo comércio de bens de luxo, o Ocidente jamais teria conseguido financiar primeiro a pesquisa técnico-produtiva, depois a energética

---

1. Ver W. Sombart, *Lusso e capitalismo*, e T. Veblen, *La teoria della classe agiata*.

e de infraestruturas básicas – transportes por trilhos, por estrada, por mar e pelo ar – e, por fim, a das estruturas distribuidoras e comerciais. E não teria logrado completar essa revolução cultural, assim como a China não havia conseguido, muitos séculos antes, se não tivesse conseguido enxertar e desenvolver um mecanismo de desenvolvimento econômico e social, sob a proteção de uma filosofia inspirada no suporte ao destino humano e progressivo. Destino que permitiu ao Ocidente a passagem para a modernidade, realizando assim a grande transformação, à qual não bastariam as descobertas técnicas e científicas, se não fossem acompanhadas de condições políticas, culturais e, sobretudo, financeiras favoráveis, como as que se estabeleceram, ao final do século XVIII, às vésperas da Revolução Industrial na Europa. Uma revolução que, tendo colocado em circulação uma verdadeira inovação, modificou não apenas as mercadorias em quantidade, qualidade e desempenho, como também, inteiramente, a ordem que a precedeu, a de natureza econômico-social, histórico-política e, por fim, cultural. Afirma-se, com razão, que a qualidade do design encontrado em um artefato, um setor produtivo ou em uma cidade pode ser medida e valorada de acordo com a quantidade de inovações encontradas naquele artefato, naquele setor ou naquela cidade. Nesse ponto, é forte a tentação de fechar o silogismo e declarar que, pelo menos em alguns setores mercadológicos, como o de móveis e decoração, o design, a inovação e o luxo de alguma maneira se encontram ligados. Em razão do vínculo estreito entre esses elementos, o *furniture design* italiano conseguiu afirmar-se como líder mundial incontestável, capaz de determinar o reconhecimento do nível de luxo no mobiliário de um aposento ou de um escritório, tendo se tornado um elemento de referência extremamente influente na paisagem mercadológica internacional.

É preciso também refletir sobre a conexão entre design, inovação e luxo que se baseia, a meu ver, em algumas significativas transformações que, embora tenham acontecido há décadas, ainda não foram percebidas e aceitas, talvez porque sejam desagradáveis ou talvez porque existam interesses poderosos que preferem ocultar sua relevância e negligenciar suas implicações. Estou me referindo ao grande equívoco que se incorre ao se crer que a verdade e o bem estão sempre e unicamente de um lado, suspeitando-se de tudo o que diz e faz o capital e os capitalistas, considerados detentores da mentira e do mal, capazes, portanto, de qualquer crueldade. O equívoco consiste em não se ter compreendido naquele momento, e de não compreender ainda hoje, que "a contradição não está, como supunha Marx, entre o capital e o trabalho, e sim entre patrimônios e consumos"[2]. Trata-se de uma constatação que pesa uma tonelada e cuja compreensão é fundamental quando se deseja interpretar corretamente a natureza desse confronto, que está na base do processo extraordinário, ainda em curso, constituído pela social-democratização do luxo.

Isso aconteceu no século XX, o século americano, durante o qual a receita produzida pelo imenso patrimônio acumulado pela Grã-Bretanha e pelas outras potências colonialistas, graças a mais de dois séculos de espoliação na África e na Ásia gerenciada na City de Londres, foi superada, derrotada e substituída pelo lucro democrático *made in USA*, o qual atinge dimensões inimagináveis, em virtude da aliança entre Produção e Consumo ocorrida no primeiro grande mercado mundial, os Estados Unidos. Foi a perspicácia de um número relativamente pequeno de pessoas – empreendedores, banqueiros e políticos – que intuiu a enorme possibilidade de acumulação acessível ao apostar na explosão do consumo de massa em um mercado amplo e livre como o norte-americano. Um mercado facilmente expansível em face da integração forçada de outros mercados, primeiro o da América latina e depois,

---

2. G. Alvi, *Il secolo americano*, p. 249.

de formas diversas, o da Ásia e o da África, dentro de uma estratégia direcionada para a definição de um único grande Mercado Global, gerenciado sob o tranquilizador guarda-chuva do dólar e com um *gi-man* como sentinela. Sob essa óptica, o épico encontro entre Capital e Trabalho que dilacerou a Europa por décadas, enfraquecendo-a politicamente, socialmente e economicamente, era apenas uma paródia patética diversiva ao redor de um problema periférico. O verdadeiro encontro foi aquele entre Patrimônio e Consumo, uma guerra não declarada que se desenvolveu, até quando foi possível, nos escritórios confortáveis dos bancos centrais. Uma guerra combatida sem armas, mas não sem crueldades e vítimas. Um conflito que se perpetuou dessa maneira livre de sangue, até quando foi possível acordar, embora com grandes dificuldades, novos equilíbrios financeiros compartilhados. Mas que, em dado momento, exauriu suas capacidades de elaborar compromissos e explodiu todas as contradições acumuladas no banho de sangue da Primeira Guerra Mundial, ao fim da qual, no entanto, ainda não se conseguiu encontrar uma solução satisfatória e estável devido à estrutura precária que os beligerantes deram ao mundo depois de 1918. A guerra, porém, não basta para homologar a Nova Ordem Internacional, e a transferência do controle do poder financeiro e político da Inglaterra para os Estados Unidos deve ainda esperar. Isso somente é alcançado nos anos que se seguem à crise de 1929, durante a qual os poderosos exércitos financeiros reunidos em torno dos senhores dos dólares derrotam essa reunião em defesa da já enfraquecida libra esterlina e, marchando compactos da nova-iorquina Wall Street, conquistam finalmente a fortaleza da City londrina, aniquilando-a e desautorizando-a.

Os últimos movimentos de ajuste na direção da definição da Nova Ordem empurram os lados para uma Segunda Guerra Mundial, tendo de um lado um grupo de amigos improváveis, aliados por conveniência em torno da ideia que o poder deve basear-se no reconhecimento da primazia de um tipo de governo, injustamente definido como democracia (de mercado), contra outro grupo de inimigos improváveis do outro lado, reunidos ao redor de uma ideologia odiosa (o nazifascismo ditatorial) que reivindica o poder como direito e privilégio de um espírito desviado e decadente que se fundamenta em uma surrada suposição da existência de uma supremacia racial hipotética, tão injusta quanto inexistente.

Com base nos ensinamentos de Silvio Gesell (1862-1930), podemos imaginar um grande projeto não capitalista, que não caia, porém, na armadilha do anticapitalismo em moda; um projeto de reforma e de refundação dos princípios econômicos, forte o bastante eticamente para conseguir fazer a economia retornar a suas molduras originais, aquelas nas quais se confiava a ela a tarefa de se ocupar de todos os mercados e de todas as mercadorias, excluindo três: o trabalho, a terra e o dinheiro. Porque essas não são mercadorias, e sim categorias do pensamento que não deveriam ser tratadas da mesma maneira que as mercadorias, segundo os parâmetros comuns da economia. Contudo, enquanto o trabalho, a terra e o dinheiro forem forçosamente assimilados como mercadorias, será difícil restabelecer uma relação serena e equilibrada entre o homem e sua terra, entre o homem e seu trabalho, entre o homem e o dinheiro (Figura 43). A retomada do debate em torno da adequação ou não de classificar e lidar com o trabalho, a terra e o dinheiro de maneira diferente seria provavelmente muito interessante e certamente profícua, mesmo à luz das muitas experiências e definições novas conquistadas a partir do debate com a hegemonia das postulações dos chamados economistas clássicos e com a fundação da Economia como nova disciplina, fundamentada sobre os pressupostos que ainda hoje sustentam a instável estrutura científica, lógica, filosófica e social.

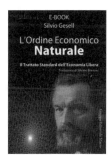

Com o tempo, as muitas correções pouco a pouco introduzidas pela política econômica dos países mais esclarecidos contribuíram para construir, ao redor do princípio de que trabalho, terra e dinheiro são mercadorias como todas as outras, distintos estatutos especiais constituídos por leis, regulamentos e normas, que, ainda que assumindo essas três mercadorias como iguais às demais, permite que sejam tratadas segundo regras diversas daquelas que regulam as trocas entre as outras existentes. Talvez algum brilhante economista iconoclasta e aventuroso possa ser induzido, ao ler, por estudo ou por distração, estas linhas, a tomar para si a tarefa de reabrir esse caso e proponha uma refundação da Economia baseada na ideia de que, para o trabalho, a terra e o dinheiro, devem subsistir estatutos diversos e autônomos em relação àqueles que regulam o fluxo das mercadorias. Mercadorias que, diligente e incessantemente, continuaram a aperfeiçoar sua qualidade técnica e funcional, inovando e melhorando incessantemente seus materiais e processos. Mercadorias que, na relação com o homem, sempre assumiram um papel de grande importância e que, com o advento da modernidade, conheceram uma temporada de muito sucesso que ainda não terminou e que segue prosperando, em decorrência também do encontro relativamente recente com o design e com a cultura do projeto. Mercadorias que, transformando-se, adquirindo e incorporando os valores formais positivos que conduzem à apreciação estética, e que tendendo ao belo, foram enriquecidas de todos os valores de desempenho possíveis e imagináveis, indo muito além da capacidade de responder às necessidades mais prementes, conseguindo promover a emergência de novas demandas infinitas ocultas à sombra dos desejos latentes em cada um de nós. E mesmo a ênfase nos valores de desempenho torna cada vez mais imaterial a oferta, tendendo a uma substituição progressiva dos bens materiais por serviços, experiências e transformações absolutamente imateriais.

A partir da segunda metade do século XIX, a produção industrial se altera e, dando prova de uma nova sensibilidade, se abre para a experimentação prática de novas modalidades produtivas. Nessa mesma época, inicia-se então o trabalho de reflexão teórica direcionado a individuar e definir uma "estética industrial" original, liberta tanto dos cânones estéticos contidos no artefato artesanal como daqueles provenientes do mundo da arte. A nova tendência produtiva vê um número crescente de indústrias gradualmente se dedicar à pesquisa de novas formas, projetadas de acordo com os novos princípios que conduziram à atual concepção de design e, o que é essencial, abandonando a imitação de estilos pré-industriais, prática ainda muito comum durante a primeira parte da Revolução Industrial. É nesse contexto que o design começa o seu itinerário teórico e prático, que atinge uma etapa importante nas primeiras décadas do século XX com a definição de desenho industrial resultante da experiência teórica e prática iniciada na Alemanha com o Werkbund de Muthesius em 1907, que continuou com a Bauhaus de Gropius, em 1919 e, de certa maneira, foi concluída com a Hochschule für Gestaltung (HSG) de Ulm, uma experiência de grande importância, ainda que poluída por utopia ideológica excessiva. Anteriormente, nas décadas finais do século XIX, o design conheceu, sobretudo na Inglaterra, o aparecimento de obras de pensadores influentes, como Ruskin e Morris, com uma forte ideia de resgate nostálgico do artesanato, avaliado, talvez não sem razão, como capaz de ser um instrumento não apenas a serviço da economia, mas também da didática e da cultura.

Na segunda metade do século XX, o design experimentou, sobretudo na Itália, um enorme sucesso que levou o debate sobre sua definição e classificação a se desenvolver paralelamente a seu nítido crescimento em importância cm muitos setores. O primeiro deles, certamente pela visibilidade, se não por sua dimensão econômica, foi aquele do móvel, da luminária e da decoração de modo geral.

Com o advento da industrialização da produção e com o desenvolvimento dos mercados, o cenário internacional se sedimenta sobre novos parâmetros que requerem e determinam, portanto, novos equilíbrios políticos, econômicos e sociais. Nesse novo contexto, e desse ponto de vista, o luxo corre o risco de reduzir-se a uma mera noção histórica, em razão do célere processo de democratização a que o triunfo dos consumos o submete e que o constrange a trocar de pele, como muitas vezes foi constrangido a fazer no decurso dos séculos. A inovação segue sofrendo pela contínua manipulação instrumental a que a submetem as exigências de um marketing a serviço de um mercado tanto global como onívoro.

O design deve adquirir maior visibilidade para obter o reconhecimento de seu papel estratégico de alta importância, que lhe permita contribuir com autoridade e eficácia na definição dos novos cânones estéticos de uma produção preponderantemente industrializada e cada vez mais consciente de que deve aprender a oferecer qualidade em quantidade. O design deve explicitar e combater, deve se tornar estético e ético ao mesmo tempo, incorporando ao seu fazer projetual também a noção que torne controlável, ou pelo menos tolerável, a desordem capitalista, com o objetivo de tornar acessível uma nova felicidade, atingível por intermédio do processo de aprender a reconhecer a beleza – uma beleza que talvez se possa não apenas comprar, mas que seja uma felicidade mais verdadeira porque não adquirível com dinheiro e não confundível com a posse de coisas. Como escreve Geminello Alvi, "o capitalismo substitui economicamente a felicidade, remedia a sua ausência, a simula pela compra, finge que é igual para todos, útil, permutável"[3]. Uma felicidade que sabemos não ser acumulável, e que é presunçoso acreditar que possa crescer e se alastrar por obra da economia. Assim como é falso crer que ela possa ser alcançada ou

3. Ibidem, p. 463.

substituída pelo dinheiro. Para a conquista desse nobre objetivo, faz-se conveniente e urgente a definição de uma Nova Ordem, capaz de permitir, à felicidade e à beleza, escapar da inaceitável subordinação à ordem econômica, à insustentável dureza da economia.

Neste contexto, o Hedonista Virtuoso parece oferecer a única possibilidade de escapar a essa simulação, em virtude do fato de ter alcançado a consciência que lhe permite compreender que nem sempre se podem comprar a beleza e a felicidade. O futuro, que já começou e aprofunda suas raízes no presente que estamos vivendo, verá crescer o valor relativo da produção paralelamente ao crescimento do mercado que, como já vimos, se tornará um mercado sobretudo de Experiências, primeiro, e depois de Transformações, a despeito de continuar a ser simultaneamente um mercado de matérias-primas, de bens e de serviços. É necessário alçar o olhar para caminhar além, consciente do fato de que se chega ao futuro atravessando o presente, sem se esquecer de levar consigo o passado. O desenvolvimento econômico futuro sem dúvida será condicionado pelo desenvolvimento da cultura e, em particular, da cultura material. Uma grande importância assumirá o processo, já em andamento, de desmaterialização dos produtos objetos de troca.

Escreve Tagliaferri:

Isso que nós chamamos a criação, não apenas coisa alguma pode substitui-la, como é de si mesma uma imitação. É esse o potentíssimo germe que, oculto no pensamento oriental, mina do interior da criação *ex nihilo*, característica do criacionismo ocidental. Como se pode deduzir inclusive dos textos de Lacan, que aqui evocamos para esclarecer, mediante o confronto, o alcance da concepção oriental do nada, a realidade não é o real, é imitação e virtualidade, mas o objeto que ela imita e substitui não existe. Quanto a Lacan, mais precisamente, como ele explica em *Os Escritos Técnicos de Freud*, "o real, ou aquilo que é percebido como tal, é aquilo que resiste, de modo absoluto, à simbolização", a realidade, em contrapartida, é entremeada de ordem simbólica, ou de linguagem. Compreendido a partir da perspectiva indiana, o real coincide com o nada e a criação a partir do nada conserva um nexo essencial com aquilo de onde provém: é imitação do nada, declina o nada como ilusão.

Partindo dessa premissa, Tagliaferri continua subdividindo a arte contemporânea em arte matérica e arte icônica, mas observa que,

> enquanto a arte icônica remete às referências intermediárias das formas de cada ilusão, aquela 'anicônica' do que é matérico tem como própria referência o nada, colocando-se como aquilo que ele substitui diretamente, pela imitação. A primeira, historicamente articulada sob diversas denominações intimamente interdependentes (realismo, neorrealismo, hiper-realismo e similares) pinta a realidade, a segunda o real[4].

Transferindo esse modelo de análise crítica para o mundo mais prosaico do design, poderíamos especular também aqui uma subdivisão entre produtos recondutíveis a uma matriz material e outros sustentados por uma inspiração definível como icônica. Nos produtos materiais encontraremos aqueles mais fortemente competitivos que, recusando todo tipo de sanção e simbolização, parecem querer aludir ao nada e à ausência dramática de qualquer possível traço do real, enquanto os produtos do tipo icônico seriam aqueles prontos para o compromisso com a realidade, a ponto de reivindicar um local bem à vista para exibir seu valor simbólico, ricos por vezes de valores de forma e de função, mas irremediavelmente destinados a ser nada mais que uma ficção. Uma ficção de uma realidade que, ainda que fascinantemente, sedutoramente, refletida, nunca deixa de ser uma realidade meramente virtual. Se é verdade que a essência da arte reside naquilo que, ao se contemplar a obra, não se vê, é também verdade que a sua revelação se dá somente aos olhos daquele que se apaixona pelo conhecimento e pelo saber. Poder-se-ia então sustentar que a relação que se estabelece entre os objetos

---

4. Aldo Tagliaferri, *Una materia controversa*, *Il Verri*, n. 22, p. 64.

produzidos pelas empresas de design e todos aqueles que os utilizam, talvez se limitando a contemplá-los, seja uma relação que se tornou possível e valorizada pelo saber do consumidor, do usuário: um saber propedêutico essencial para poder apreciar os êxitos futuros do design, que se transformará em uma linguagem para a realização de propostas sempre mais sofisticadas de produtos-serviços, de produtos-experiências e de produtos-transformações.

Diante desse desconcertante cenário que parece prenunciar o desaparecimento das mercadorias, deixando entrever uma nova economia fundada majoritariamente na troca de valores imateriais rarefeitos, privados de consistência tridimensional, devem ser obrigatoriamente repensados e renovados os valores sobre os quais fundamentar a produção de mercadorias, mesmo aquelas destinadas a alimentar o novo luxo. Um novo luxo que, como vimos, pelo menos em parte, e para um número muito reduzido de fruidores, será constituído de coisas *soft*, intangíveis, ao passo que, para o número social-democraticamente crescente de usuários, continuará a ser feito de coisas *hard*, de mercadorias tangíveis, embora a seleção e a aceitação destas últimas sejam cada vez mais influenciadas e inspiradas por valores intangíveis e *soft* do design. De um design capaz de instaurar com o comprador um novo envolvimento, baseado em uma espécie de cumplicidade cultural mediada pelos objetos, que não serão mais escolhidos de acordo com parâmetros objetivos, expressão de seu valor material, e sim cada vez com mais frequência, de acordo com critérios subjetivos, expressão de sua empatia com o gosto de cada comprador. Gradualmente, realizar-se-á, assim, um processo de transformação cultural determinado pelas características das mercadorias, finalmente capazes de deslocar a atenção do comprador da vulgaridade dos valores expressos pelo peso dos materiais utilizados para a elegância refinada dos valores intangíveis que emanam de cada objeto do bom design. Um design que, desafiando a utopia socializante dos pais fundadores, se tornará cada vez mais um luxo cultural, exercitado com maior discernimento por um número crescente de Hedonistas Virtuosos, os novos consumidores não manipuláveis, capazes de fazer escolhas de aquisição autônomas, orientadas por um gosto individual cada vez mais informado e educado.

CONCLUSÃO

Segundo Pine e Gilmore, na economia das transformações, qualquer um confiará o próprio futuro somente àqueles com os quais compartilha a mesma visão de mundo.

Uma empresa não pode mais assumir uma atitude agnóstica nos confrontos sobre o que é moralmente certo ou errado, subtraindo-se a argumentos delicados com o pretexto de produzir somente bens e serviços [...] De maneira consciente ou não, todas as empresas promovem uma visão de mundo. Os temas da transformação não podem ser evitados. As matérias-primas extraídas transformam a Terra em um planeta subjugado, com implicações graves para todos os seus habitantes. Os produtos transformam os compradores em usuários de tais produtos, positivamente ou negativamente. Os serviços transformam os clientes em receptores desses serviços, sendo estes degradantes ou edificantes. As experiências transformam os clientes em participantes de um encontro, sejam os efeitos no longo prazo nocivos ou terapêuticos. E as transformações mudam os aspirantes a um "novo eu", com todas as implicações éticas, filosóficas e religiosas que tal fase comporta.

Uma empresa implica sempre uma escolha moral [ainda que] cada empresa seja um palco para glorificar alguma coisa.[5]

E mesmo a empresa que não se identificar na hipótese traçada por esse profético itinerário poderá também se beneficiar da aplicação das indicações da economia da experiência e das transformações, utilizando-as como guia e parâmetro para a projetação de sua atividade futura.

Como o intelectual empenhado eticamente, a empresa do futuro tampouco deverá construir separações e muros que poderiam tornar o saber inacessível, pois o saber é patrimônio de todos. É necessário lutar para que prevaleça e se difunda a convicção de que o conhecimento é o único instrumento à disposição dos homens para buscar a união entre os indivíduos e entre os povos. O conhecimento é a única arma benéfica para derrubar todos os muros, naturais ou artificiais, geográficos ou políticos, religiosos ou culturais, reais ou imaginários, erguidos para proteger os privilégios e as injustiças. O conhecimento é a arma fundamental para vencer todas as formas de governo que, para se perpetuarem, possuem a necessidade de manter na ignorância o povo que administram. O conhecimento é fundamental para determinar nossa qualidade de vida. Ele representa a única resposta a um problema cultural refinado, o de conferir sentido às coisas que se possui e de saber escolher aquelas capazes de dar respostas aos nossos novos desejos. Nesse sentido, o design pode ser considerado um luxo cultural.

Como já dissemos, acomodar-se em uma *lounge chair* para ler sob a luz de uma luminária Arco, sem saber quem foram Ray e Charles Eames e quem foram Pier Giacomo, Achille e Livio Castiglioni, não diminui o prazer funcional derivado da comodidade do sentar-se e da boa qualidade da Luz. Mas reduz ou até anula o prazer estético, que é exclusivamente intelectual. Porque a ignorância da história

5. B.J. Pine; J. Gilmore, op. cit., p. 226.

146

dos objetos, o não conhecimento de seu *software*, torna impossível desfrutar daquela espécie de valor agregado constituído por sua "aura" de obra (de arte) produzida na era de sua reprodutibilidade técnica. Nós sabemos que o design produz múltiplos industriais, e não obras de arte. Sabemos também que as obras de arte são definidas assim por serem peças únicas e sem nenhuma utilidade funcional. A obra de arte é, por natureza, única e, por definição, inútil, ou seja, desprovida de valor funcional. A obra de design, por sua vez, vive uma existência dupla: funcional e estética. Isso é válido para a luminária Arco dos irmãos Castiglioni, para a *lounge chair* de Eames e para todos os produtos de design. O crescimento do design requer, acima de tudo, o empenho de todos os atores do sistema – criadores, produtores e distribuidores – com o objetivo de fazer crescer o conhecimento e a competência do comprador final, como já dissemos. Para que o design cresça não apenas no mundo da economia, mas também no da cultura. Para isso, é necessário que, além do empenho dos atores do mercado, intervenham igualmente as instituições públicas responsáveis pelo crescimento cultural do país.

É necessário um investimento para formar e transformar, e não apenas informar os consumidores, para ajudá-los a entender que o bom gosto se encontra no próprio conhecimento ou, melhor dizendo, naquele saber que permite possuir a mente e os olhos educados, capazes de compreender, prender a si, e armazenar os novos valores, como aqueles veiculados exatamente pelos produtos de design. É necessário que os consumidores sejam educados a olhar para o mercado com olhos capazes de reconhecer a presença e a originalidade dos valores imateriais que caracterizam a produção dos objetos fabricados segundo os cânones que regulam a chamada cultura do projeto e que, portanto, além de fazer crescer a economia, são capazes de enriquecer nossa cultura material. É necessário sublinhar, no entanto, que a educação dos consumidores, a sua transformação em Hedonistas Virtuosos, não é uma tarefa que possa ser deixada sobre os ombros do sistema econômico e produtivo. Não se pode "formar" os futuros consumidores contando apenas com os serviços redacionais das revistas do setor ou com campanhas publicitárias. Como eu já havia argumentado em outra oportunidade, o design deve ser considerado um "luxo cultural"[6]. O crescimento eventual dos consumos de produtos "de design" não pode prescindir da necessária elevação do nível cultural material das pessoas.

Argumenta-se que o design seja caro, que os preços dos produtos são excessivamente elevados. Isso não é exatamente verdade, mas no fundo tampouco tem relevância. A verdade, penso, é que os pobres não compram design mesmo quando, possuindo uma cultura específica suficiente, gostariam de fazê-lo. E não o fazem porque são pobres e não possuem recursos necessários. Os mais abastados, em sua maioria, não compram design porque são ignorantes, não possuem o que chamamos de bom gosto e dão preferência ao que é *kitsch*. Como indica a experiência da Dinamarca, citada nas páginas precedentes, essa elevação ambicionável do nível cultural pode se realizar somente a partir do momento em que se constitua em decisão explícita, de espectro geral, por parte das autoridades de governo, em todos os seus níveis. Para que essa mudança ocorra, é preciso que prevaleça e se afirme uma "vontade política" forte e bem definida, que escolha assumir com coragem o papel de paladino na proteção, por exemplo, da propriedade intelectual. Determinado a não ceder, como infelizmente ocorreu inúmeras vezes nos últimos anos, às chantagens dos setores mais retrógrados da produção. Aquela produção que, renunciando, por não saber ou não querer, a todo tipo de pesquisa e de inovação, se perpetua reproduzindo monotonamente velhos estilos e copiando de maneira parasitária os produtos das empresas que realmente investem e experimentam.

6. *Luxo & Design*, p. xiv-xv.

As autoridades governamentais italianas deveriam examinar com atenção que, como se demonstrou em uma pesquisa de campo recente conduzida pela ADI, pelas empresas do setor de mobiliário, decoração e iluminação filiadas à associação, todas classificáveis como *design-oriented*, as exportações representam em média 70% de sua produção. Por outro lado, para as empresas não orientadas ao design, mas pertencentes aos mesmos setores mercadológicos, a cota percentual de exportação não chega a 30%. Para elaborar uma estratégia válida de desenvolvimento baseada na capacidade criativa que, nos últimos cinquenta anos, construiu a excelência do design italiano para o planeta, requer-se a manutenção de uma política governamental incisiva, capaz de alavancar tanto seus valores econômicos como seus valores culturais, os quais o design italiano demonstrou até agora saber levar adiante no mundo inteiro com grande sucesso.

POSFÁCIO

Giovanni Cutolo é, segundo ele mesmo admite, um *pentito* do marketing.

Obviamente, sendo um homem de vasta cultura, seu arrependimento é uma recusa drástica a um tipo de marketing bulêmico, inspirado pelo ato indiscriminado de forçar produtos goela abaixo do consumidor, aquele que não diferencia quantidade e valor de uso, valor exposto e valor real, pobreza semântica e riqueza simbólica.

O mercado italiano é um imenso caldeirão no qual se encontram e interagem as mais variadas formas de fazer, pensar, projetar, criar valor, produzir, imaginar, inventar, que todos, em seu conjunto, contribuem (ou deveriam contribuir) para melhorar as condições de vida do homem, pelo menos aquelas materiais.

Mas não apenas isso. O mercado também é a descoberta do outro, e nas mercadorias subjaz uma espécie de antropofagia cultural, alimentada por seu intercâmbio contínuo.

151

Sua reflexão ao redor do "Sistema Design" o leva a implementar a teoria do trevo de quatro folhas de Renato De Fusco (Projetação – Produção – Venda – Consumo) acrescido de um quinto elemento – a formação –, representando-a, em coerência com a metáfora vegetal, como um caule, que, saindo da terra, dá sustentação às quatro folhinhas. Insiste no princípio de que as cinco fases devem ser entendidas como uma modalidade sequencial de um processo unitário, cuja validação deve ser encontrada nos princípios fundamentais do processo em si, no centro do qual está o homem, e não apenas o lucro do empreendedor, embora lícito, na convicção de que, sobretudo em uma época de mercado global, o projeto deve também ser ético, sem limitar-se a viver baseado em uma autor-referência, mas assumir fazer parte de um conjunto que realize suas premissas.

Em seu *O Hedonista Virtuoso*, Cutolo traça o perfil de um "consumidor" que de fato é um projetista do seu estilo de vida. Em certo sentido, é um designer que reconhece o sentido dos objetos dos quais se cerca e os considera, na escala dos valores da sua vida, subalternos, porém em harmonia com os princípios de riqueza real, como dispor do próprio tempo e do próprio espaço de sobrevivência.

Um verdadeiro príncipe não mais devotado à vontade de potência e domínio, mas atento a uma qualidade de vida melhor para si e para os outros. É assim que Giovanni Cutolo, graduado em Economia e Comércio, passando criticamente pelo marketing, a literatura, a filosofia, a sociologia, a ópera lírica e seu profundo conhecimento das canções napolitanas e brasileiras, se tornou designer. Esse seu amplo espectro de conhecimento teórico, assiduamente confrontado de modo empírico na práxis cotidiana, o define como um designer da experiência, e não, para sua sorte, como um teórico do design.

Este *Breviário de Formação* origina-se em seus vastos saberes e em seus mais de quarenta anos de presença, como protagonista, no mundo do design italiano. Em um tempo no qual a formação assume significados cada vez mais especializados, será muito útil – tanto para iniciados nesse trabalho como para jovens estudantes – assumir uma visão que possa enriquecer seus trabalhos de significados. Para aqueles que, ao contrário, influenciados pela mídia, identificam o design como uma atividade dentro do limite do mundano, será útil para compreender o sentido de uma disciplina que, pelas transformações do real que ele mesmo opera, escapa de qualquer definição possível.

Carlo Forcolini
Milão, agosto de 2014.

BIBLIOGRAFIA

ALVI, Geminello. *Il secolo americano*. Milano: Adelphi, 1996.

BENJAMIN, Walter. *L'opera d'arte nell'epoca della sua riproducibilità tecnica*. Torino: Einaudi, 1966. (Trad. bras.: *A Obra de Arte na Era de Sua Reprodutibilidade Técnica*. São Paulo: L&PM, 2018.)

CUTOLO, Giovanni. *L'edonista virtuoso: Creatività mercantile e progetto di consumo*. Milano: Lybra Immagine, 1989. (Trad. bras.: *O Hedonista Virtuoso*. São Paulo: Perspectiva, 2012.)

____. *Lusso & Design: Etica, estetica e mercato del gusto*. Milano: Abitare, 2001. (Trad. bras.: *Luxo & Design: Ética, Estética e Mercado do Gosto*. São Paulo: Perspectiva, 2014.)

DA EMPOLI, Giuliano. *La sindrome di Meucci: Contro il declino italiano*. Venezia: Marsilio, 2006.

DE FUSCO, Renato. *Storia del design*. Bari: Laterza, 1985. (Trad. bras.: *História do Design*. São Paulo: Perspectiva, 2019.)

DE MASI, Domenico. *Ozio creative*. Milano: BUR, 2000. (Trad. bras.: *O Ócio Criativo*. Rio de Janeiro: Sextante, 2001.)

ECO, Umberto. *Opera aberta*. Milano: Bompiani, 1963. (Trad. bras.: *Obra Aberta*. 10. ed. revista e ampliada. São Paulo: Perspectiva, 2015.)

ENZENSBERGER, Hans Magnus. *Zig Zag*. Torino: Einaudi, 1999.

GEHLEN, Arnold. *L'uomo*. Milano: Fertrinelli, 1981.

GESELL, Silvio. *L'ordine Economico Naturale*. Arianna, 1916 (e-book).

GROPIUS, Walter. *Bauhaus*. Weimar: Druck von R. Wagner Sohn, 1919.

KOTLER, Philip. *Marketing Management*. New Jersey: Prentice Hall, 1980.

LIPOVETSKY, Gilles. L'Esthétisation du monde (Entrevista). *La Republica*, Roma, 22 ago. 2013.

MASLOW, Abraham H. *Motivazione e personalità*. Roma: Armando, 1992.

MAUSS, Marcel. *Saggio sul dono*. Torino: Einaudi, 2002.

MONOD, Jacques. *Il caso e la necessita*. Milano: Mondadori, 1970.

PINE, B. Joseph; GILMORE, James H. *L'economia delle esperienze*. Milano: Etas, 2000.

SOMBART, Werner. *Lusso e capitalismo*. Milano: Unicopli, 1988.

SLOTERDIJK, Peter. *Critica della ragion cinica*. Milano: Raffaello Cortina, 2013. (Trad. bras.: *Crítica da Razão Cínica*. São Paulo: Estação Liberdade, 2012.)

TAGLIAFERRI, Aldo. Una materia controversa. *Il Verri*, Milano, ano XLVIII, n. 22, maggio 2003, (La materia dell'arte.)

VEBLEN, Thorstein. *La teoria della classe agiata*. Torino: Einaudi, 2007.

SOBRE O AUTOR
GIOVANNI CUTOLO

Docente do curso de graduação em Desenho Industrial da Faculdade de Arquitetura do Politécnico de Milão; dirigente da Associazione per il Disegno Industriale-ADI; foi representante italiano do júri do European Design Prize; um dos fundadores da revista *Modo*; distribuidor italiano da Vitra e das cozinhas Bulthaup e La Cornue; foi vice-diretor geral da Artemide, quando organizou o lançamento da célebre lâmpada Tizio. Traduziu *Obra Aberta* (Perspectiva), de Umberto Eco, para o português e *Memórias Sentimentais de João Miramar*, de Oswald de Andrade, para o italiano. Publicou, entre outros, *L'altra faccia del design: Riflessioni intorno ai mobili e all'arredamento* e *cucina.come* (Lybra Immagine, 1999 e 2001, respectivamente); *O Hedonista Virtuoso* e *Luxo & Design: Ética, Estética e Mercado do Gosto* (Perspectiva, 2012 e 2014, respectivamente).

Este livro foi impresso na cidade de São Bernardo do Campo,
nas oficinas da Paym Gráfica e Editora,
para a Editora Perspectiva